小型全国時刻表2015年11月号より転載

営団地下鉄東西線
中野～東陽町間開通式。
昭和42年

営団地下鉄有楽町線
護国寺付近建設工事。
昭和48年

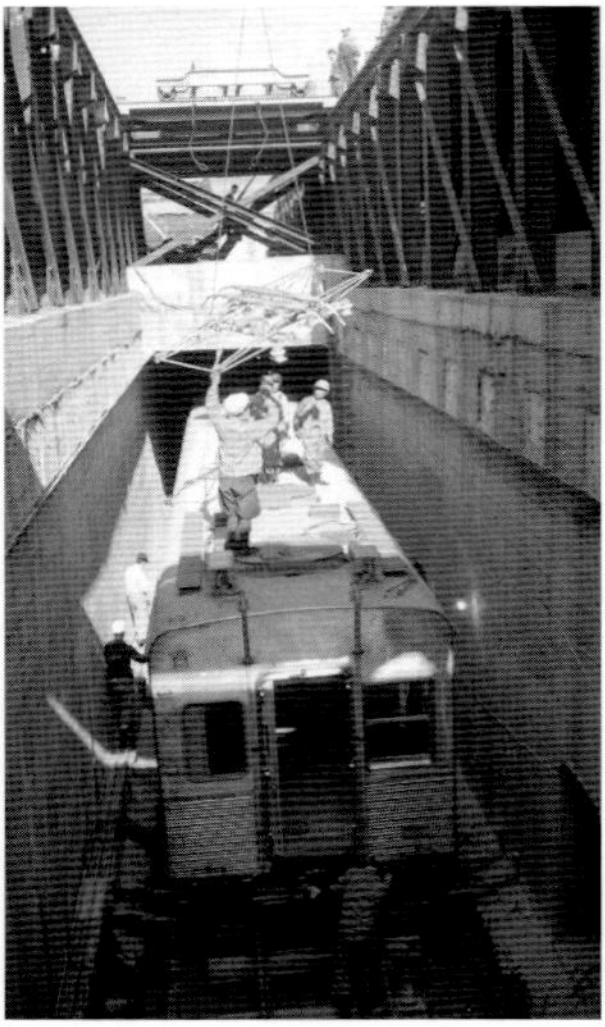

営団地下鉄東西線
5000系搬入作業。
昭和39年

写真：交通新聞サービス

首都東京
地下鉄の秘密を探る

歴史・車両・駅から見た地下路線網

渡部史絵
Watanabe Shie

交通新聞社新書 084

首都東京　地下鉄の秘密を探る――目次

第3章　都営地下鉄

第4章　未成線と地下鉄のこれから

写真撮影　K…結解　学
S…交通新聞サービス

はじめに

東京やその近郊に住む人、働く人にとって、欠かせない日常の足となっている地下鉄。朝夕のラッシュでわかるように、いかに多くの人々が地下鉄を利用していることか。その混雑具合が、〝東京〟を支える足として地下鉄が欠かせない交通機関となっていることを象徴している。

そんな地下鉄も、当初は路線も少なく、現在のように多くの路線が誕生したのは戦後になってからだ。戦争で傷ついた東京を復興させるため、運輸省（現・国土交通省）内に都市交通審議会が設置され、専門家や有識者により、将来の東京の交通網について議論が繰り広げられた。その結果、すでに開業していた銀座線を含め、5つの路線の新規開業や路線延長が計画された。その後、度重なる議論が続けられ、さらなる路線計画の変更、東京都交通局の参入など、多くの路線が開業するまでには数々の難題をクリアしてきた。

路線や車両にその時代の最新技術を取り入れ、常に安全で快適な空間を追い求めてきた地下鉄。

そんな姿や表情を現在でも実感できるのが、魅力のひとつではないだろうか。

本書では、「東京メトロ」と「都営地下鉄」の両者を、建設当時のエピソードから現在、そして未来への展望を文献や取材をもとに解説してゆく。また、車両や路線、安全対策の進化などにも触れていく。

そして読者の皆さんに、普段は気づかなかった意外な地下鉄の秘密や謎、その理由などを紹介していくことで、地下鉄をもっと身近に感じてもらい、愛着を持って利用していただきたい。とくに、通勤や通学で地下鉄を毎日ご利用の方に、地下鉄のさまざまなエピソードをお読みいただき、興味を持っていただければ幸いだ。


それでは、地下から〝東京〟を支えている地下鉄ワールドへ、ぜひご一緒しましょう。

第1章

首都を走る地下鉄の歴史

東京メトロと都営地下鉄の始まり

首都・東京に張り巡らされた地下の鉄道網。これらの大多数は、言わずと知れた東京メトロと都営地下鉄によって運行されている鉄道である。

日本の地下鉄の始まりは、昭和2年（1927）12月30日に、当時の東京地下鉄道株式会社によって開業した、浅草〜上野間（現在の東京地下鉄株式会社〈以下、東京メトロ〉銀座線の一部）。これが現在の東京メトロのルーツである。

以降、銀座線の延伸を経て、戦局により都市部の地下鉄を統合した「帝都高速度交通営団（以下、営団地下鉄）」が発足し、戦後には、丸ノ内線、日比谷線が開通。その後現在の主要地下鉄路線網を形成する東西線、千代田線、有楽町線、半蔵門線、南北線が開業し、営団地下鉄が東京メトロへと移行した後の平成20年（2008）には副都心線全線の開業を成し遂げた。

一方、東京都交通局が運営する都営地下鉄は、銀座線の開業から遅れること33年、昭和35年（1960）、浅草線（押上〜浅草橋間）の開業から始まった。以降、三田線、新宿線、大江戸線と、路線新設や延伸を繰り返し現在に至っている。

丸ノ内線・東京駅開通式、高松宮妃殿下。昭和31年（S）

開通当日の丸ノ内線東京駅。昭和31年。写真：交通新聞サービス（以下S）

平成27年（2015）10月現在の営業キロ数は、東京メトロが195・1キロ（駅数179駅）、都営地下鉄が109・0キロ（駅数106駅）と、合計304・1キロ（駅数285駅）となり、1日の利用者総数が約881万人（平成24年度）という巨大な地下鉄ネットワークが構築されている。

ここで、東京を支える2大地下鉄事業者のルーツを探っていこう。

●東京メトロ・銀座線誕生

「東京メトロ」、正式名は「東京地下鉄株式会社」という。じつは、東京地下鉄が開業させた路線は、平成20年（2008）に開業した副都心線のみで、それ以外の路線は、営団地下鉄からの引き継ぎ路線である。

「東京地下鉄」のルーツである「東京地下鉄道株式会社」が東洋初の地下鉄、現在の銀座線（浅草〜上野間2・2キロ）を開業させたのは、先述の通り昭和2年（1927）のことだった。

当時の日本では、地下鉄という存在自体が知られておらず、誰もその有用性を認識していなかった。そんななか、東京には地下鉄が絶対に必要だと主張したのが、「東京地下鉄道株式会社」の設立者で、〝地下鉄の父〟と呼ばれた早川徳次《のりつぐ》だった。早川は、ロンドンで初めて地下鉄に出会い、

銀座駅の早川徳次像。写真：結解学（以下K）

日本の都市交通の発展には、地下鉄が必要だと思うようになる。帰国後、関係者に地下鉄建設を推奨し、政財界の有力者を説得して回った。しかし、埋立地である東京の中心部は地盤が軟弱なことから、地下に鉄道を通すのは夢物語だと言われ、周囲からなかなか理解が得られなかった。それでも諦めずに賛同者集めに走り回った。東京市の橋梁課が行なった過去の地質調査結果をもとにし、一定の深さまで掘れば、問題のない地盤であることを確かめたほか、自ら交通状況の実態も調査した。

苦労の末、大正6年（1917）に「東京軽便地下鉄道」の名で高輪（品川）～浅草間の本線と車坂（上野）～南千住間の分岐線の免許を申請し、大正8年（1919）11月に免許が下りたが、このとき、東京市から買収要請があった際には拒むことはできないという厳しい条件が付けられた。

●開業にまつわるエピソード

大正14年（1925）9月に浅草〜上野間の建設工事が開始され、資金不足、地下埋設物の整理における地盤の崩壊、ガス管折損による発火事故などさまざまな難問を解決して昭和2年（1927）、2年3カ月の工期を経て開業にこぎつけた。

開業時の運賃は10銭均一であったことから、日本初の自動改札機（ターンスタイル式）を導入。朝6時から深夜12時まで、3分間隔で浅草と上野を5分で結んでいた。

初日は、日本初の地下鉄という物珍しさもあって長蛇の列が続き、一日の利用者数は10万人にものぼったという。その後地下鉄は、神田、日本橋、銀座へと路線を延長し、昭和9年（1934）6月に新橋までを開業した。

●営団から東京メトロへ

一方、昭和14年（1939）1月、渋谷方向から新橋まで地下鉄を開業させたのが、東京急行電鉄の前身である「東京高速鉄道株式会社」だ。当時は、現在の銀座線を2つの異なる会社が新橋を境にそれぞれ折り返し運転していたため、接続駅の新橋駅では階段を上り下りして乗り換えなければならず、利用者は不便な思いをしていた。そのため、東京地下鉄道と東京高速鉄道が協議を重ね、結果的に同年9月16日、東京地下鉄道と東京高速鉄道による相互直通運転が行なわれるようになり、利用者にとって便利な渋谷～浅草間の直通運転が開始されることになったわけだ。

しかし、都市部の交通網を統制するため、昭和16年（１９４１）5月、帝都高速度交通営団法が施行され、同年7月には同法に則った営団地下鉄が誕生し、東京地下鉄道と東京高速鉄道の運営をすべて引き継ぐこととなった。

そもそも帝都高速度交通営団の「営団」とは、当時の戦局を支えるために作られた特殊法人で、地下鉄のほかに農地開発営団や住宅営団というものもあった。戦後、ＧＨＱの指令により、ほとんどの営団は解散や改称させられたが、営団地下鉄だけは、「地下鉄の運営は戦争活動に当たらない」と見なされて残った経緯がある。

戦後は、丸ノ内線などの新路線建設と開業を繰り返し、平成12年（２０００）9月には営団地下鉄として最後の新路線の南北線を開業させるまで、路線の運営と拡張を行なった。平成16年（２００４）4月1日、行政改革の一環として営団地下鉄の事業を民営化し、東京地下鉄株式会社（東京メトロ）が発足した。

副都心線の建設は、有楽町線の並行区間となる小竹向原～新線池袋間が営団時代の昭和53年

（1978）から始まっていたが、全線開業は、東京メトロへ移行後の平成20年（2008）となっている。

●今でも残る営団マーク

営団のマークといえば、「S」を図案化したマークを覚えている読者も多いと思う。駅の出入口などでよく見かけた「S」のシンボルマークは、昭和35年（1960）に営団が制定したロゴマークである。

新宿駅東口の歩道に残る営団マークのマンホール（K）

この「S」は、「SUBWAY（地下鉄）」「SAFETY（安全）」「SECURITY（正確）」「SPEED（迅速）」「SERVICE（サービス）」のことで、交通機関としての大切な意味を表している。

じつは現在も、この「S」マークが残っている場所がある。銀座駅や都内各地で見られるマンホールの蓋、譲渡や保存された古い車両、神宮球場近くの案内看板などだ。

昭和35年、浅草駅での都営地下鉄1号線（浅草線）開通式（S）

●都営地下鉄は浅草線から始まった

「都営地下鉄」は、東京都交通局が運営する地下鉄で、昭和35年（1960）12月4日に1号線（浅草線）、押上～浅草橋間で運行を開始した。

そもそも東京の地下鉄は、営団地下鉄が建設するものとしていたが、戦後の復興が進むなか、東京の人口が増え続け、交通事情の悪化は凄まじいものがあった。自動車の激増による道路混雑によって、もはや路面電車やバスなどの地上交通では、カバーしきれない状況に陥っていた。

この状況を早急に緩和するべく昭和31年（1956）、運輸省（現・国土交通省）内の都市交通審議会（現在は国土交通省における運輸政策審議会）において、営団以外の者にも地下鉄の建設を認めるべきであ

東京復興都市計画高速鉄道網　（昭和21年12月7日、戦災復興院告示第252号）

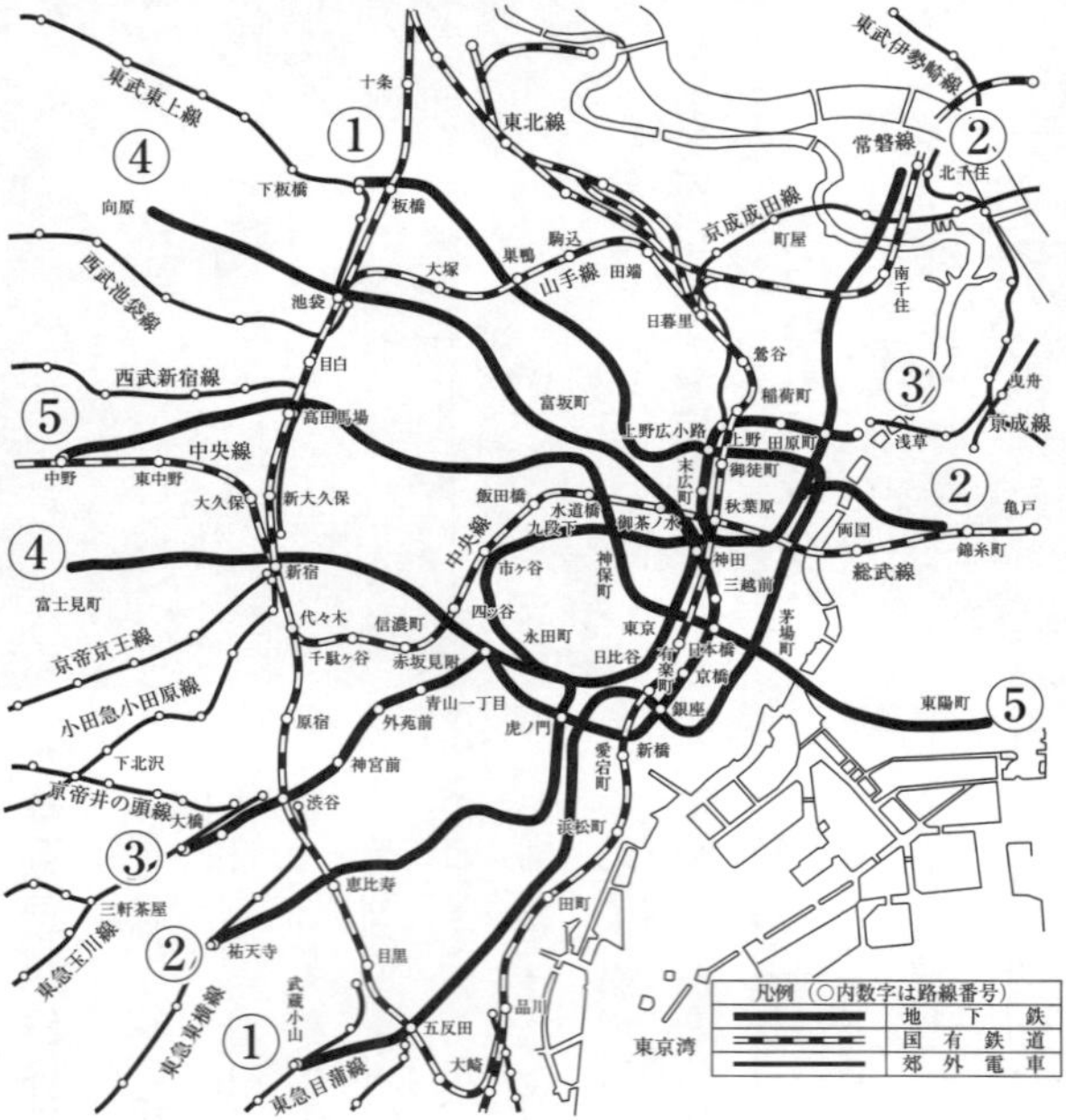

るということが審議され、昭和32年（１９５７）６月に建設省（現・国土交通省）より東京の鉄道網案（東京都市計画高速鉄道網）が告示された。このことがきっかけで、営団がすでに取得していた１号線の路線免許を東京都と京浜急行に譲渡し、東京都による地下鉄事業が始まった。

●ルート選択とその後の変更

東京の地下鉄の基盤となるのは、昭和21年（１９４６）告示の東京復興都市計画高速鉄道網の高速鉄道整備計画。そして前述の昭和32

東京都市計画高速鉄道網　（昭和32年6月17日、建設省告示第835号）

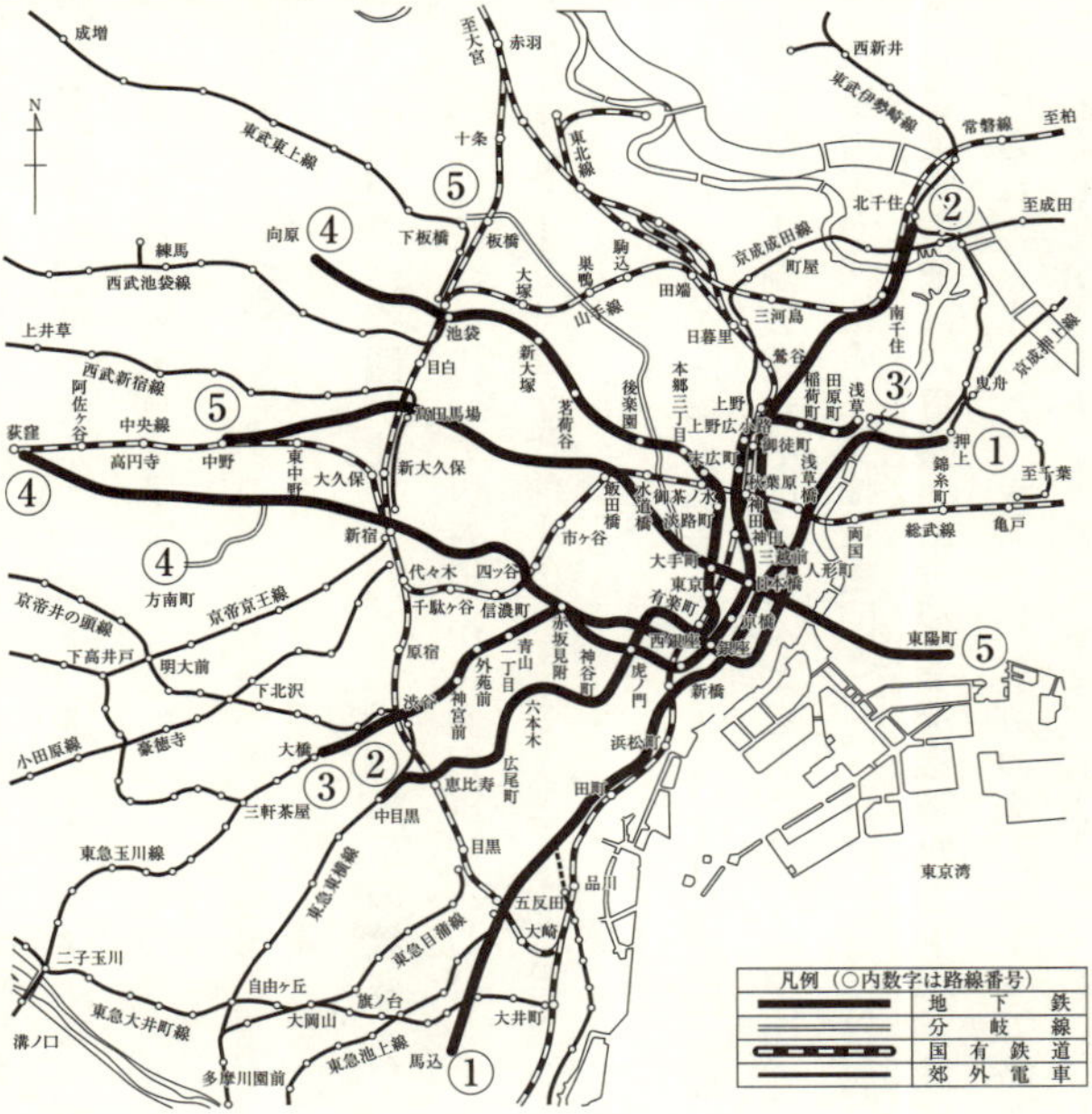

年（１９５７）に建設省告示の東京都市計画高速鉄道網である。戦後、都市交通審議会が開かれ、専門家や有識者が一堂に会し、地下鉄のみならず、交通の将来的な観点なども含めて論議がなされ、新たな路線の策定などが行なわれた。

ただ、その時々の状況によって、計画の見直しなどもたびたび行なわれ、現在とは異なった計画路線もいくつか存在する。

なお、輸送実態や財政などの状況によって、建設の優先順位も変わるため、例えば東京メトロ南北線のように、計画は早い段階からあるものの、後回しにされてしまい開業が遅かった路線もある。また、路線計画が発表されても駅の設置場所や駅名の決定などでは、地元との協議がなかなか合意に至らないケースもあり、ここでもまたかなりの時間を要する。

●路面電車から地下鉄へ

まだ国内の道路整備が進んでおらず、自動車の数も少なかった1960年代頃まで、公共交通として大きな役割を担っていたのが路面電車である。とくに、経済成長期の初期である1950年代後半から1960年代前半は、国内各地で路面電車が活躍しており、路面電車の黄金時代だった。

しかし、わが国の経済が急成長する1960年代後半期に突入すると、交通事情は一変した。都市部では、未舗装路がそのほとんどを占めていた道路の整備が行なわれ、やがてバスやトラック、自家用車が、街の主要輸送機関として台頭してきたのだ。

さらに大都市では、道路の中央部を走る路面電車が、自動車交通の妨げになる存在だと、やり玉に挙げられてしまった。まるで、混雑の原因はすべて路面電車であるかのように排除をうたう都市さえ現れ始め、実際に一部は淘汰された。その後も、路面電車の廃止はとどまるところを知

新宿付近を走る都電　昭和45年（K）

らず、多くが廃止や路線縮小を余儀なくされたのだ。

こうした流れは決して路面電車の路線が不必要だったからというわけではなく、多くの場合、旅客輸送をバスなどに代替し、道路交通を優先にしたからにほかならない。

実際、大都市においては、すでに路面電車にはかなりの旅客輸送の需要があり、同一方向に連続して列車を発車させる続行運転などを行ない、旅客をさばいていた。そのため、それらの旅客を、現在よりも小ぶりな当時のバスなどで代替輸送をして、安定した旅客輸送を講じることは、ほぼ不可能に近かった。

また、道路容量を超えた自動車の増加により、主要道路は飽和状態で、恒常的に渋滞を引き起こしていたため、路面電車の代替交通機関となったバスは、定時運行ができず、旅客の積み残しが発生。大都市圏における人の移動に混乱をきたしていた。

とはいえ、都市内に新たな鉄道路線を敷設するにも、すでに鉄道建設のための用地確保が困難であったことなどから、大都市では、主要道路の地下を利用して、路面電車やバスに代わる公共交通機関として、地下鉄が計画された。

例えば東京では、現存する都電荒川線〔都電27系統（三ノ輪橋～赤羽間）と32系統（荒川車庫前～早稲田間）を統合〕や東急世田谷線（元・玉川線の支線）を除き、すべての路面電車が、バスや地下鉄へと移行していった。

大都市においては、地下鉄を基幹道路の一部として同時に整備することで、公共道路事業としての財源を得ることもできた。これらの要因によって、高度経済成長期に地下鉄網が拡充されていったのだ。

●消えた〝荻窪線〟の名称

営団地下鉄丸ノ内線は、戦前から計画され、工事には着手していたものの、戦況の悪化によりほとんど進まない状況のまま終戦を迎えていた。

戦後の混乱が落ち着き始めた昭和26年（1951）4月には、建設が本格的に再開され、8年

昭和30年、丸ノ内線御茶ノ水～東京間の延伸工事の様子（S）

後の昭和34年（1959）3月に、池袋～新宿の全線開通に至った。終戦後の計画案では新宿からさらに先の中野区富士見町（現・弥生町）付近まで、荻窪線と称して延伸する予定であったが、昭和32年（1957）5月の都市交通審議会の答申では、新宿から荻窪までの本線と、途中駅から方南町までの分岐線の組み合わせに変更された。

この理由は、盲腸線を回避したことと、並走する国鉄（現・JR）中央線の混雑緩和をも勘案し、荻窪までとする路線への変更に至ったと思われる。

延伸工事は、昭和34年（1959）3月に着手。まずは新中野までの本線部分と、途中駅の中野坂上から中野富士見町までの分岐線部分が、昭和36年（1961）2月に先行開業された。

続いて、同年11月には南阿佐ケ谷まで、翌昭和37

昭和36年、中野坂上駅での出発式（S）

年（１９６２）１月には荻窪まで延伸し、さらに同年3月には分岐線の方南町までが開業し、現在の丸ノ内線が完成したわけである。

分岐線（方南町支線）にあっては、旅客輸送量の需給関係から、開業当時から現在に至るまで、２〜3両の短編成で運転されていることが特徴的である（一部出入庫を兼ねた列車を除く）。

開通後数週間は、丸ノ内線と同じ車両を使用していたが、同年に銀座線で１００形の余剰車が発生すると、丸ノ内線を模した赤い色に塗装変更し、２両編成に組成して運転した。

昭和43年（１９６８）５月には、１００形の老朽化による置き換え用として、またまた銀座線で余剰となった２０００形を移籍させ、丸ノ内線のラインカラーである赤色に塗り替え、さらに昭和56年（１

981）からは3両編成にして運転を始めた。これは、平成5年（1993）になって、02系の本線投入により分岐線用となった500形に代替された。その後、平成8年（1996）に02系3両編成（80番台）が投入されている。

ところで、荻窪線が計画当初から富士見町にこだわったのは、当地に中野車庫（現・中野車両基地）と称する車両基地・工場の用地を確保していたからである。

この土地は、当時の営団地下鉄で最大規模を誇っており、さらに当初より同じ軌間、同じ集電方式の銀座線車両の検査や修繕も受け入れることを視野に入れて建設されたものである。そのため、現在も銀座線車両の検査、修繕はここで行なわれている。

荻窪線は、方南町支線を含め、運転系統上も丸ノ内線の一部であることから、昭和47年（1972）には、正式に丸ノ内線に名称を統一され、荻窪線という名称は消滅した。

地下鉄の建設

●さまざまなトンネル工法

地中に鉄道が走れる空間と設備を建設するための空間を造る方法（工法）には、どのようなものがあるのだろうか。

日本で一番古い地下鉄である銀座線を建設するときに使われた方法は、開削工法というものだ。これは、線路を通す部分の地表を溝状に掘っていき、道床や側壁など地下鉄の構造部を建設したのち、最後は蓋をして埋め戻す、という方法である。

この方法は、地表から比較的浅いところに地下鉄を敷設する場合に限られるが、他の工法の工事よりも簡素なので、建設費を抑えることが可能になるというメリットもある。

しかし、建物や河川があると施工が難しく、地表に道路や空き地などのスペースがあることが前提となる。また、たいていの場合道路を規制したうえで建設するため、場合によっては著しい交通渋滞を発生させてしまう恐れがあることや、地質によっては施工が難しいなどのデメリットがある。

開削工法は、初期の地下鉄建設では多用されたが、現在では、道路直下のトンネルや駅の施設など一部を除いて、採用される例は少なくなっている。その理由は、埋設物や地下街、他の地下鉄など、多くの地下施設が、すでに地下に存在しているためだ。

しかも現代社会では、道路下だけではなく、建物や河川の下、これまで以上に深いところや地質の悪いところなど、さまざまな条件下でのトンネル工事が必要になっている。そして、この条

9号線（千代田線）でのシールド工法による工事の様子。昭和43年（S）

件に対応できる工法のひとつが、シールド工法である。

シールド工法とは、シールドマシンと呼ばれる円形の掘削装置を回転させながら、地中にトンネルを形成する工法で、深度に関係なく掘り進むことができる。

この工法のヒントになったのは、船底に付くフナクイムシという名の貝だという。フナクイムシは、木を食べながら船内へと突き進む。木は周りの水分を含んでいるので、トンネル（空間）ができると膨張して空間を塞いでしまう。フナクイムシは、分泌液を排出して、掘ったトンネルの内側を固めながら、さらに進んでいくのだ。

これをヒントにして、18世紀にイギリスの技師ブルネルがシールド工法を発明した。

このシールド工法は、おもに地中での作業がほとんどであるため、地表の工事はあまり必要なく、建物の基礎や地下街、埋設物などを避けながら進むことができる。

日本の地下鉄では、昭和34年（1959）に、丸ノ内線の国会議事堂前駅付近の半円形のシールド（ルーフシールド工法）が、初めて採用された例といわれている。このほかの代表的な工法は、あらかじめ製造しておいたトンネル部分の函体を地上で作り、地中に据え付け、函の底の部分から地下に掘り進める潜函（ケーソン）工法、また、河川の下にトンネルを設ける場合は、完成済みの函体を溝を掘った水中に沈め、それぞれ連結して接続部の水抜きや、水漏れ防止の加工を施したあと、函の周りや上に土砂をかけて埋める沈埋《ちんまい》工法、既存の地下鉄や重量のある構築物の直下を通すために、支柱や梁などを土中に設置し、それらで構築物等を支え施工するアンダーピニング工法などがある。

●地下鉄初の立体交差化工事

複数の路線が接続・直通運転を行なっている鉄道では、配線の都合などで、複数の路線同士をどうしても平面で交差させなくてはならない場所も発生する。

この線路同士の平面交差を行なう際には、ダイヤ上でうまく調整をしてなるべく列車を本線上に止めることなく運転するように考えられている。

しかし、過密なダイヤで走る首都圏の鉄道では、いったん遅延が起きると、どうしても駅間などでの停車が多く発生してしまい、遅延が遅延を生む負の連鎖状態になってしまう。

そのためこういったところでは、線路を立体交差化させることで平面交差を解消し、スムーズな列車の運行がなされていることが多い。

ところで、この立体交差化を、既存の地下線で施工した例がある。東京メトロ有楽町線の千川〜小竹向原間では、有楽町線の新木場方面から来る列車と、副都心線の渋谷方面から来る列車を、この区間の地下線で平面交差を行ない、東武東上線方面と西武池袋線方面に振り分けていた（逆方面行きも同様）。

だが、先述の通り、東京メトロだけでなく、東武線や西武線などでダイヤ乱れが発生すると、すべての路線に遅延が波及してしまう悪循環も発生していた。しかも、副都心線が東急東横線・みなとみらい線との相互直通運転を開始すると、副都心線の列車本数が増え、さらに条件の悪化が危ぶまれた。

これらを解消し、輸送の安全性と安定性の向上を図るために、既存の地下線に対して線路の増設を行ない、平面交差を解消する改良工事を実施したのだ。それが、地下鉄初の地下線立体交差化工事だ。

従来、千川～小竹向原間で行なわれていた有楽町線・副都心線と、東武東上線・西武有楽町線へ振り分ける平面交差部分を副都心線直通列車が使用し、有楽町線直通列車は、千川駅の小竹向原寄りに新たに上下の連絡線を設けて立体交差とした。これにより同区間での平面交差は解消された。

千川付近と、新規に建設した連絡線と従来線の接合部付近は、開削工法で行なわれ、その2カ所をつなぐ部分はシールド工法により建設された。

これらの工事により、有楽町線・副都心線と東武東上線・西武有楽町線は、より一層安定した運行と、安全の確保が得られるようになったのだ。

第2章

東京メトロ（営団地下鉄）

〝日本初〟が多い銀座線

●当時の最新鋭1000形

日本初の地下鉄は、昭和2年（1927）12月30日に開通した現在の東京メトロ銀座線の一部、浅草〜上野間である。

この日本初の地下鉄に、当時最新鋭の車両として導入されたのが、1000形（1001〜1010号車）である。当時の正式名称は「オールスチールド・オーバーラウンドルーフ形、ダブルエンド貫通式ボギー車」である。

1000形は、日本で初めての地下鉄車両ということで、従来の地上を走行する鉄道以上に安全や快適性を確保するための、さまざまな配慮が施された。

当時の地上を走る電車は木造や半鋼製車体のものが多かったが、1000形は全鋼製車体が採用され、アメリカから輸入された鋼板を用いて造られており、車内にも、同じく騒音対策が施された難燃性の床が使われた。さらに、暗いトンネル内を走行し続けるという地下鉄車両のために、車内の灯りには間接照明を取り入れた。この構造は、窓の上に取り付けられた大型の白熱灯の下

小石川検車区に佇む1000形。昭和46年（S）

部を覆い、上に向けて光を天井に反射させるというもので、鉄道車両では世界的にも珍しかった。

吊り手は、アメリカ製のリコ式が採用された。根本に組み込まれたばねにより、使用しないときは、窓側に向かって斜めにはねあげるようになっている。

通常の吊り手は、車両の動きに合わせて揺れるものだが、リコ式の吊り手は、ばねの力で固定され、人の力によって好みの位置に調節ができる構造で、手を放すと一定位置に戻る仕組みになっている。

この吊り手は1000形以降、初期の丸ノ内線、日比谷線や東西線の車両にも受け継がれ、昭和41年（1966）の増備車まで採用された。

乗降扉には、当時最新鋭の自動扉を採用。各車両のドアを圧縮空気によって自動で開閉できるドアエンジンが搭載された。

車両の走行装置である主電動機や制御器などの電気機器は、ゼネラル・エレクトリック社（GE）製のものを使用。ブレーキ装置は、ウェスティングハウス・エア・ブレーキ社（WABCO）のAMM式が採用された。台車は、形鋼組み立てによる釣り合い梁式台車であった。

車体外観の塗色は、オレンジイエローで、ベルリン地下鉄の塗色を参考にしたといわれている（現在でもベルリンの地下鉄は、この色を採用している）。

車内は、押縁《おしぶち》や面などにチーク・カラー、ライト・マホガニー色が使用され、羽目板などは、ホワイト・チェリー・カラーを木目焼き付けしたものを採用した。この色調は、地下のトンネル内を走行することを念頭に考案されたため、車内灯の灯りとあいまって車両を引きたてている。

日本初の地下鉄を華やかに彩った1000形を含む旧型車両は、昭和43年（1968）4月19日に浅草駅でお別れ式が開催され、全車が引退した。廃車後の1001号車は、東京・神田須田町にあった交通博物館に保存されることになったが、さまざまな修繕が行なわれていたため原型を留めておらず、雨樋が新設され、リベットも減少しており、台車も取り換えられていた。そのため、開業当初のオリジナルの面影を見ることはできなくなっていたが、床下機器の一部を除いて復元・修繕が行なわれ、昭和61年（1986）の地下鉄博物館開館に伴い、開業当時の姿を再現している。

　1001号車は、経済産業省より、平成21年（2009）2月に地下鉄第1号車として「近代化産業遺産」[※]の認定を受けている。

　現在も1001号車は、地下鉄博物館（東京・葛西）に保存され、当時の上野駅をイメージしたプラットホームとともに展示されている。

※この近代化産業遺産は、幕末から昭和初期にかけて、わが国の近代化を支えた建造物や機械など地域活性化に役立つものに対して認定し、それらの活用に向けた取り組みを促進することを趣旨とした事業である。銀座線のトンネルや軌道、地下鉄博物館の旧東京高速鉄道100形車両（129号車）なども認定されている。

●日本初の打子式ATS

　近代化産業遺産に認定されるほど、新しい文化の旋風を巻き起こした銀座線だが、運転に関わる安全対策も、当時最高のシステムが採用された。

　今や列車の安全運転に欠かせないATC（自動列車制御装置）だが、その元祖とも言える装置が、開業当初の銀座線に設置されていた。ATS（自動列車停止装置）である。

　信号機と連動する打子を軌道の外側に設置した、「打子式自動列車停止装置」と呼ばれるもので、

地下鉄博物館に保存されている1001号車（K）

運転士が停止信号を見落として列車を進行させてしまうと、軌道の外側に取り付けられているレバーが電車側の突起に触れる。すると台車に設置している空気制動装置（リセッティング・トリップ・コック）が動作して、自動的にブレーキがかかるというものである。

極めて単純な仕組みだが、限られた線路の性能を最大限に発揮し、走行の向上を図ると同時に、安全に電車を走らせるうえで、非常に重要なものである。当時、すでに欧米では実用化され、その機能に定評があり、国内では銀座線で採用した結果、故障が少なく信頼のおけるシステムと実証されたため、以降に開業した丸ノ内線や各都市の地下鉄にも使われることとなった。

銀座線では、この打子式が１９９０年代まで使用された。そして全車が後輩の01系に統一された際にＡＴＣに更新され、最高運転速度が向上している。

ちなみに現在銀座線で活躍中の新型車両１０００系は、この１０００形をモデルにしており、平成24年（２０１２）４月より営業運転を開始した。外観は、開業当初の１０００形を彷彿させるレモンイエロー色をラッピングした車体で、前面上部に前照灯が付いている。先代の１０００形が、当時の最新技術を盛り込んだように、１０００系も平成の最新技術を詰め込んでいる。ＰＭＳＭ（永久磁石同期モーター）の搭載や、自己操舵台車を採用したことによって、乗り心地の向上や消費電力の削減などに効果を上げている。

銀座線は今後、この新型車両以外に、駅（ホーム）の改良やホームドアも設置していく予定である。つねに地下鉄技術のパイオニアであり続ける銀座線に、これからも目が離せないことだろう。

謎めいた地下の線路

●留置線と引き上げ線

地下鉄は暗闇にあるためわかりにくいが、地上を走る鉄道と同じく、本線以外にも多くの線路が敷設されている。この項では、地下鉄の留置線・連絡線（短絡線）をいくつか紹介しよう。

留置線とは、駅構内のホームがない側線に、車両を一時的に止めておく線路のことだ。通常、営業運転が終了するとすべての車両が車両基地に帰ると思われるが、実際は、始発駅や途中駅などに車両を留置しておき、翌日の運転に備える場合が多い。そのため、各所に留置線が設けられているわけだ。

変わった留置線の筆頭に挙げられるのが旧東京高速鉄道の新橋駅のホーム部分がそれで、ホームと線路を廃止せず、留置線として活用している。現在も毎晩2編成の銀座線車両が滞泊し、翌朝の虎ノ門発浅草行きと溜池山王発渋谷行き列車として運用される。

留置線は、始発終着列車を留め置きするのに便利な線路だが、地下部分のため、あとから駅に隣接して増設することは簡単にはできない。そこで、千代田線では代々木公園の下に10両編成×8本が入る留置線を設置した。代々木公園は東京都が所有しており民間の地下部分より許可が取りやすく、ちょうど代々木公園の造成工事も重なったため、大規模な留置線を地下に設置することができたわけだ。

同じように民間の地下部分ではないところにある留置線は、有楽町線の市ケ谷〜飯田橋間にもある。有楽町線はこの区間外堀通りの下を走っており、その通りの横は皇居の外濠となっている。飯田橋駅の留置線は、この外濠の下に建設されており、10両編成×6本を留置できるスペースが

かつての渋谷の車両基地は現在も留置線として活用　昭和47年（K）

ある。ここはかつて、有楽町線の車両基地としての機能を持っていたが、和光検車区の開設により、留置線と保守用車両の基地となった。さらに、この留置線は南北線とも繋がっており、南北線の車両が留置されていることもある。

さて、これとは別に、おもに始発終着列車のある駅構内に配置された引き上げ線もある。これは、折り返し運転などをする際に、いったんホームからこの引き上げ線に入り、運転士と車掌が乗務位置を交代する「エンド交換」などをして再び営業列車として折り返す場合に使用される。引き上げ線は夜間になると留置線としての役割を担っている線路も多く、昼夜を問わず車両が行き来する姿が見られる。

銀座線の渋谷駅は、地下鉄の駅でありながら、駅自体はビルの3階に位置するという珍しい構造のうえ、乗車と降車のホームが分離されている。

そのため、渋谷に到着した列車は、乗客を降ろした後にいったんホームを離れ、渋谷駅構内西側にある上野検車区渋谷分室の折り返しのための引き上げ線に引き上げるのだ。この引き上げ線があるおかげで、乗務員のスムーズな交代や、車内の点検が実施でき、かつ最短2分間隔の銀座線ラッシュ時の運転にも対応が可能だ。

また、この渋谷駅の引き上げ線のさらに先には、9本の車両を収容できる留置線がある。ここは東京高速鉄道が開業したとき車両基地だった場所で、営団時代も車両基地として使用されていたが、現在は留置線となっている。

銀座線渋谷駅と同じような引き上げ線は、千代田線代々木上原駅の西側にも敷設されており、ここでは東京メトロの車両以外に、綾瀬方面へ折り返すJRの車両や小田急の車両などがいったん入る姿を見ることができる。

このように、留置線や引き上げ線は意外と多くの駅にあることがわかる。途中駅始発の列車が設定されていたら、その駅に本線以外の線路がある可能性が高いのだ。

●短絡線

留置線以外にも、東京の地下には、謎めいた線路が敷設されている。これは他の路線とを繋ぐ線路で、連絡線や短絡線と呼ばれている。

地下鉄各線は、地下空間で線路が立体交差しており、相互運転を実施している線区以外、他線区との繋がりはないように思われるが、車両のメンテナンスを行なう場合などは、工場のある場所に車両を移動させなくてはならない。そのために、他の路線との連絡線が設置されている場合がある。

この連絡線を、一番近くで見られるのは銀座線・丸ノ内線の赤坂見附駅で、銀座線と丸ノ内線がホームの浅草・池袋方で片渡り線のポイントで繋がっているのがわかる。銀座線と丸ノ内線の車両は第三軌条方式※の600ボルト、軌間1435ミリで互換性があるため、車両の全般検査などは、中野検車区に併設する工場で両線の車両を受け持っており、そのために設置されている。

同じように、有楽町線と南北線の車両も、千代田線の綾瀬検車区に併設する工場で全般検査を行なう。そのため、有楽町線の桜田門駅と千代田線の霞ケ関駅とに連絡線が設けられている。

また、南北線も有楽町線と市ケ谷の留置線で繋がっているので、この2路線の車両は、千代田

左手のトンネルが有楽町線と千代田線の連絡線（K）

線への乗り入れが可能なわけだ。

現在は回送列車が走る路線だが、小田急のロマンスカー60000形（MSE）が臨時列車「ベイリゾート」号として、小田急線～千代田線～連絡線を経由して、有楽町線の新木場まで運転されていたことがある。貴重な体験をできる列車だったが、残念ながら現在は運行されていない。また、丸ノ内線から銀座線に直通する臨時列車がイベント的に走る場合があり、赤坂見附駅の渡り線を通過する体験ができる。

有楽町線は、皇居や国会議事堂、首相官邸など国の重要機関の近くを走るため、開業した当時、本線から分岐して謎のトンネルに姿を消す線路に、「軍事用の線路とか、核シェルターがある」などの噂話が流れたが、その正体は連絡線や留置線だったわけだ。

※第三軌条方式…走行用レールとは別に、並行して給電用レール（第三軌条）を敷設し、車両に付けたヘラのような集電靴（コレクターシュー）が擦って集電する方法。

地下にある急カーブや急勾配、立体交差の秘密

●日比谷線のうねるようなカーブと急勾配

地下鉄には、急カーブや急勾配が意外と多い。なぜだろうか。

急カーブの理由は、建設の際にできる限り民有地に入らないように道路の下などに敷設しているからで、交差点にあたる地点ではその範囲内で曲がろうとするためだ。また、急勾配は、地下鉄の構造上、地下から地上、さらに高架橋へと短区間で上り下りすることが多く、どうしても傾斜がきつくなり、急勾配になってしまうためである。

これらの理由から、急カーブや急勾配が連続する地下鉄だが、そのなかでもトップクラスに君臨するのが、東京メトロ日比谷線である。

日比谷線は、昭和31年（1956）の都市交通審議会答申第1号のルートを基本に、北千住〜中目黒間の20・3キロを結ぶ路線である。昭和36年（1961）最初に開業したのは南千住〜仲

日比谷線人形町～小伝馬間での工事の様子。昭和36年（S）

御徒町間の3・7キロだ。計画当初より、北千住から東武伊勢崎線との相互直通運転を予定していたことと、車両基地を設ける関係からも、南千住駅は地上駅の構造であった。都心から走行してきて地下区間最後の三ノ輪駅を出た電車は、常磐線の線路を避けるように、大きく上り坂を右カーブし、南千住駅到着手前で左カーブする。高架となった南千住駅付近の建設は、地形と地質の関係から難工事だった。鋼橋は、いわゆる東京層と呼ばれる堅固な地盤に達するように、長さ30メートル内外の鉄筋コンクリート製のものを用い、約1800本もの杭を打ち込んでいる。

また、付近の軌道は急カーブが続くため、脱線防止用のガードレールを設置している。南千住の急カーブは、なんと半径163メートルが連続して2度

銀座駅で行なわれた日比谷線全線開通式。昭和39年（S）

も続き、途中に１７０メートルのカーブもある難所だ。

この区間は、普通鉄道構造規則第17条の２で定められている勾配の基準を超えた39パーミルの下り急勾配となっており、当時の建設省の許可を得たものである。

日比谷線にはこのほか人形町～茅場町、築地～東銀座、日比谷～霞ケ関、神谷町～六本木に急カーブがあり、その半径は１３０メートルである。これらは、地上にある大きな交差点を通過するために、90度もカーブする。

日比谷線の電車は、毎日アップダウンを繰り返し、スピードを上げたり下げたりしながら、急カーブや急勾配を克服して走っているのだ。

●九段下駅の「バカの壁」

九段下駅には、３つの路線が乗り入れている。東京メトロの東西線と半蔵門線、都営地下鉄新宿線だ。

このうち半蔵門線と新宿線の線路は、同じ高さで平行に配置されている。しかし、運行会社が別々なため、以前は両線の間がわざわざ壁で仕切られていた。両線の開業時期に開きはあるものの、都営地下鉄によって、トンネルを一括で建設した経緯があると、どこかで聞いたことがある。なお現在、地下鉄が走っている9都市のなかで、運行事業者が複数存在するのは東京都だけである。

そんな東京の地下鉄では、別々の運行事業者による地下鉄が存在することで、運賃面における格差やサービス面の不便さが顕在していた。九段下駅での乗り換えがその典型例で、半蔵門線と新宿線のホームが平行に配置されているにもかかわらず、階段を上り、いったん改札を介してから今度は階段を下り、次の電車に乗るという無駄な動作によって、数分の所要時間を要してしまっていた。

当時の東京都副知事であった猪瀬直樹氏は、この九段下駅の仕切り壁を、「バカの壁」と批評した。その後、国土交通省、財務省、東京メトロ、東京都交通局（都営地下鉄）は、地下鉄一元化に向けた協議会を立ち上げ、サービス向上の実施策のひとつとして、九段下駅の壁を、平成25年（２０１３）３月までに撤去するというスケジュールを決定した。

撤去工事は、平成23年（２０１１）12月15日の終電後からスタートした。九段下駅の壁は、厚さ40センチもあるコンクリート製の壁で、２１０メートル設置されているうちの90メートルが対象となった。

その後、平成25年（２０１３）３月16日に工事が完了し、やっと両線は同じホームで乗り換えができるようになった。同時に、構内の案内板を整備、ホームに設置されたベンチも、半蔵門線側はパープル、新宿線側はライトグリーンで塗装するなど、乗り間違え防止のための工夫がされている。

地下鉄が、相互直通運転の都合などによって、別々の運行事業者の列車を同一ホームで乗り換えできるようにする例はいくつもあるが、九段下駅のように行政側からの働きかけによって、同一ホームの乗り換えができるようになった事例は大変珍しく、東京の地下鉄サービス改良に向けた大きな一歩と言えるであろう。

●日比谷線の立体交差

昭和36年（1961）、日比谷線の南千住～仲御徒町間開業によって、当時の営団地下鉄は、銀座線、丸ノ内線、日比谷線の3路線を運行することになった。また、前年の昭和35年（1960）12月に開業した都営地下鉄1号線（現・浅草線）をあわせて、東京には4路線の地下鉄が走っており、運転に関する安全面の向上や、列車本数の増加により、立体交差工事が必要になってきた。

日比谷線は、上野駅で銀座線と交わるため、地下での立体交差を行なわなくてはならず、上野駅の日比谷線ホームから南千住寄りに向かった場所で、先に開業した銀座線を上、後に開業した日比谷線を下にすることとなった。

この上野駅の工事は、大変困難な作業であったという。当時の車坂付近は、地上の道路交通量が頻繁なうえに湧き水も多く、銀座線のトンネル内の安全を確保するためにはトンネルの補強が必要で、その下に下受けゲタを入れて工事は進められた。

次に、日比谷線の中央壁にあたる箇所に溝坑を掘ってコンクリートを打ち、さらにその両側にあたる壁面部分にも、溝坑を掘りコンクリートを打った。そして、上部のコンクリートと打ち壁のコンクリートをつないだのち、トンネルとなる部分の残土を外に出し、下部のコンクリートを打っていく方法がとられた。トレンチ工法と呼ばれるこの作業により、地下の立体交差は完成した。

のちに開業する日比谷線の銀座駅付近も、銀座線に加え、丸ノ内線との立体交差を行なうことになった。銀座線との立体交差は、銀座線建設当時から建設されていた立体交差用の構築物を利用することになったが、集電方式が第三軌条方式の銀座線規格で構築されたためか、架空電車線※方式の日比谷線では大きさが合わず、下床をやや掘り下げて低下させるとともに、上部の銀座線の下床も調節して空間を確保することになった。なお、数寄屋橋付近での丸ノ内線との立体交差は、上野駅での方法や経験が生かされた。さらにこの付近では、東海道本線、山手線、東海道新幹線の橋脚などがあったため、それらに変形などの影響を与えないように、路下式潜函工法※を採用した。

現在の東京の地下鉄は、まるで網の目のように、いくつもの地下鉄路線が重なり合いネットワークが構築されているが、のちに開業する路線になればなるほど深い場所にある。例えば都営地下鉄大江戸線の六本木駅は、地下42・3メートル（地下10階に相当）という大深度に位置している。

これらは時代が進むにつれて、地下鉄の路線をはじめ、時代とともに地下の構造物も増えていったことが理由である。

※架空電車線方式…架線を張って、車両のパンタグラフなどの集電装置で擦ることで集電する方式。

※路下式潜函工法…ニューマチックケーソン工法とも呼ばれ、地上で鉄筋コンクリート製の函を構築し、その函の下部に作業室を設けて地下に沈下させる工法。

地下鉄を走る車両の規則

●「A—A基準」とは

トンネルという狭くて密閉された空間を走る地下鉄では、ひとたび火災が発生すれば、たちまち火は燃え広がり、大惨事になってしまう。そういった事態を防ぐために地上を走る鉄道に比べて、鉄道や消防などの関係法規によって決められた厳しい基準「A—A基準」が設けられていた。

その内容は、おもに火災事故に対して万全を期すための安全対策である。車体の骨格や外板、屋根材などを、鋼製の全金属製（最近ではステンレス鋼やアルミ合金を使用した車両）とすることや、室内の内装材や遮光カーテン、網棚、吊り手や座席シートなど、細部まで難燃性の材料とすることを定めた。

また、緊急時には、避難路の確保を最優先とするため、車体の前面に貫通扉という通路を設けることが、保安対策として決められている。トンネル内は狭く、側面の乗降扉からの避難が難しいためで、前面や後方の貫通扉から避難するように定められたものだ。「A—A基準」は、実際にトンネル内での火災事故が全国で起きたために制定された。営団でも昭和43年（1968）1月27日に、日比谷線の六本木～神谷町間において列車火災が発生している。その後も火災が起こるたびに、基準は強化されていった。

この「A—A基準」は、昭和44年（1969）に、鉄道を監督する官庁である運輸省（現・国土交通省）が、鉄道車両の構造に関して出した通達がその始まりである。詳しい内容は、図表運転車両A—A基準をご覧いただきたい。

また、「A—A基準」よりも前に存在した火災事故対策として、「A—A様式」（A様式、B様式）という基準が存在した。図表A—A様式をご覧いただければ、「A—A基準」はより厳しいものになったことがわかる（昭和32年〈1957〉1月25日／12月18日付運輸省通達「電車の火災事故対策実施要項」）。

その後、国鉄が分割・民営化された昭和62年（1987）に、「普通鉄道構造規則」および「特殊鉄道構造規則」「新幹線鉄道構造規則」に、新たに「A—A基準」レベルの不燃化基準の規定が

図表　運転車両　A-A基準

項　目		要　項
全般		1.構造、機能上やむをえないものを除き、不燃性の材料を使用すること。 2.不燃性以外の材料は、できるだけその使用量を少なくするとともに、つとめて難燃性（不燃性、極難燃性を含む。以下同じ。）のものとすること。
車体構造	屋根	1.金属とし、架空線式のものは、その上を難燃性の電気絶縁材料で覆うこと。 2.架空線式のものの露出金具は、車体と電気的に絶縁するか又は難燃性の電気絶縁材料で覆うこと。
	外板、天井及び内張り	金属等不燃性のものとし、これに表面塗装をした場合も不燃性のものとすること。
	床	1.金属とし、上敷物は難燃性のもの、その下に詰物を用いる場合は、これを極難燃性（不燃性を含む。以下同じ。）のものとし、これら各部材料の厚さ電線管及び空気管の立上り部、雨水排出口等については、室内に火気が侵入しないよう留意すること。 2.床下面に表面塗装をしたものは、不燃性のものとすること。
	断熱材及び防音材	ガラス繊維石綿等不燃性のものとすること。
	座席	表地、詰物包及び詰物は、難燃性のものとすること。
	日除け及び幌	難燃性のものとすること。
貫通路		1.車両の前後端面に貫通口を設けること。ただし架空線式のもので、車体と建築定規との間隔が左右おのおの400ミリメートル以上のものにあつては、列車両端の貫通口は省略することができる。 2.連結車両間の貫通路は、渡り板、幌等によつて旅客が安全に通行できるものとすること。 3.貫通口及び貫通路の床面上の有効高さは1800ミリメートル以上、有効幅は600ミリメートル以上とすること。 4.貫通口に扉を設ける場合は、これを引戸式又はこれに準ずるものとすること。ただし、乗務員室側のものは、連結側となつたときに開放したまま保持できる開き戸式とすることができる。 5.列車両端の貫通口の扉は、その手前に客室との仕切を設け、かつ、非常の場合に旅客を安全に退避させることができるものであること。
予備灯		客室内には、常用室内灯が消灯したときは自動的に点灯する予備灯を設けること。
自動戸閉装置の操作装置		自動戸閉装置の操作装置は、停電の際にも開扉できるものであること。
非常措置の標示		1.非常の際、旅客が車両を停止させることのできる装置又は旅客から乗務員に通報することのできる装置の取付位置及び取扱要領を標示すること。 2.非常の場合は乗務員に通報し、みだりに車外に出ることは危険であるので、乗務員の誘導に従つて行動するよう標示すること。 3.架空線式の車両で、地上の相当区間を運転するものには、扉開放コツクの取付位置及び開放要領を標示すること。ただし、乗務員が常時その場で操作できるものは、この限りでない。 4.架空線式以外の車両及び地下線専用の車両には前項の標示をしないこと。

図表　運転車両　A基準

項目		要項
車体構造	屋根	1.金属とし、その上を難燃性（不燃性、極難燃性を含む。以下同じ。）の電気絶縁材料で覆うこと。 2.露出金具は車体と電気的に絶縁するか、又は難燃性の電気絶縁材料で覆うこと。
	外板、天井及び内張り	金属等不燃性のもの（金属等不燃性のものによりだき合わせた構造のものを含む。）とし、これに表面塗装した場合も不燃性のものとすること。ただし、妻部の外板は、難燃性のものとすることができる。"
	床	1.床下面は金属板張りとし、室内に火気が侵入しないように留意すること。 2.床上敷物は、難燃性のものとすること。
	座席	表地は、つとめて難燃性のものとすること。
貫通路		1.少なくとも2両間には貫通路を設けること。 2.連結車両間の貫通路は、渡り板、幌等によつて旅客が安全に通行できるものであること。 3.貫通口及び貫通路の有効幅は550ミリメートル以上とすること。 4.貫通口に扉を設ける場合は、これを引戸式又はこれに準ずるものとすること。ただし、乗務員室側のものは、連結側となつたときに開放したまま保持できる開き戸式とすることができる。
非常措置の標示		1.非常の際、旅客が車両を停止させることのできる装置又は旅客から乗務員に通報することのできる装置の取付位置及び取扱要領を標示すること。 2.非常の場合は乗務員に通報し、みだりに車外に出ることは危険であるので、乗務員の誘導に従つて行動するよう標示すること。 3.扉開放コツクの取付位置及び開放要領を標示すること。ただし、乗務員が常時その場で操作できるものは、この限りでない。
予備灯		客室内には、常用室内灯が消灯したときは自動的に点灯する予備灯を設けること。
放送装置		車掌から客室内へ放送できる放置を設けること。
消火器		1.各車両ごとに備え付けるものとし、取りはずし及び取扱いが容易であること。 2.消防法第21条の2による検定に合格した油火災及び電気火災用のもので、同法同条の技術上の規格による能力単位の数値が、油火災に対して2以上のものとし、客室内に設備するものにあつては、有害ガスを発生しないものとすること。

難燃化基準の分類（昭和44年5月15日運輸省通達「電車の火災事故対策について」より抜粋

図表　運転車両　B基準

項目		要項
車体構造	天井及び外板	金属等不燃性のものとすること。ただし、妻部の外板は難燃性（不燃性、極難燃性を含む。以下同じ。）のものとすることができる。
	床	電弧又は電熱を発生する機器の上部の床下面には、金属等不燃性の板を張ること。
貫通路		1.乗務員の乗車していない車両には、少なくとも2両間に貫通路を設けること。ただし、構造上はなはだしく困難な場合又は手動扉の場合は、この限りでない。 2.貫通口の扉が開き戸式のものは、開放したまま保持できる構造とすること。
予備灯		客室内には、常用室内灯が消灯したときに点灯できる予備灯を設けること。
非常措置の標示		1.非常の際、旅客が車両を停止させることのできる装置又は旅客から乗務員に通報することのできる装置の取付位置及び取扱要領を標示すること。 2.扉開放のコツクの取付位置及び開放要領を標示すること。ただし、乗務員が常時その場で操作できるものは、この限りでない。
消火器		1.備え付けるものとし、取りはずし及び取扱いが容易であること。 2.消防法第21条の２による検定に合格した油火災及び電気火災用のもので、同法同条の技術上の規格による能力単位の数値が、油火災に対して2以上のものとし、客室内に設備するものにあつては、つとめて有害ガスを発生しないものとすること。

加えられた。これにより、地下鉄車両に対してのみ使われていた「Ａ―Ａ基準」という表現も使用されなくなったのだ。

さらに、平成13年（２００１）国土交通省令第１５１号「鉄道に関する技術上の基準を定める省令」にて一本化が行なわれ、鉄道車両の火災対策に関する性能規定において、その内容が記されている。

●相互直通運転の取り決めについて

次に、直通運転規格について記しておこう。相互直通運転を行なう場合は、別々の鉄道事業者同士が乗り入れを行なうため、あらかじめ取り決めをしなくてはならない。

図表　A-A様式

昭和32年（1957）1月25日/12月18日付け運輸省通達「電車の火災事故対策実施要項」より抜粋

項目		要項
車体構造	全般 屋根 席	できるだけ木材等の可燃性材料を使用しないこと。 架空線式のものは金属とし、その上を損傷のおそれのない材料で電気的に絶縁すること。 2露出金具は車体と電気的に絶縁するか又は電気絶縁材料で覆うこと。
	天井 内張 床 外板 座席	金属等とすること。 金属等とすること。 下面全部を金属板張りとし、室内に下記が進入しないよう留意すること。 金属等とすること。 表張りは不燃性のものとすること。
貫通路		1全車貫通式とすること。ただし、永久前頭車の前端は貫通式としなくてもよい。 2連結相互の車両の貫通路間には渡り板及び幌又は旅客が貫通路を安全、かつ、危険がなく進行できる設備をすること。幌は不燃性のものとすること。 3貫通路の見付幅は700ミリメートル以上とすること。 4貫通路の扉を設備する場合 イ　乗務員室のない側の貫通路扉は、引戸式又は前後方向に開放可能な自由開き戸式とすること。 ロ　乗務員室のある側の貫通路扉が内開き戸式の場合は、その手前に乗務員董と客室とを仕切ることのできるもので、連結側となったときに随時開放可能のものであること。
扉開放コック及びその取扱の標示		1地下線専用の車両には標示しないこと。 2地上を運転する車両には、永久的な標示をし、地下に乗り入れした場合には地下で旅客が操作しないように標示に「ただし書」をすること。ただし、乗務員が常時その場で操作できるものは、これを省略してもよい。

例えば日比谷線は、当初の計画では先に開業した銀座線や丸ノ内線と同じく第三軌条方式の集電方法を採用し、軌間も1435ミリとし、南千住に設置予定の車庫を銀座線と共有することを予定していた。しかし、昭和31年（1956）8月の都市交通審議会第1号答申で郊外私鉄との直通運転について、営団以外の参加受け入れが提案された。そのため、運輸省は、私鉄との相互直通運転の対象路線として、東武鉄道および東京急

小田急多摩線を走る6000系（K）

行電鉄（以下、東急）と乗り入れに関する協議を開始した。協議内容は、車両の規格や工事施工計画、輸送計画についてなどだ。

ところが、3社の協議は難航した。私鉄の既存路線に地下鉄車両が乗り入れてくることは、列車ダイヤの調整、車両運用や乗務員のやりくりなどで合意が必要であったが、各社の意見がまとまらない状況であった。

そこで運輸省は各関係者を集め、協定書を作成し、提出するように要求した。昭和32年（1957）9月、営団、東武鉄道、東京急行電鉄の3社が運輸省に提出した「列車の相互直通運転に関する覚書」を受けて「地下高速鉄道の建設について」を発令し、相互直通についての指示を行なった。その際、軌間は1067ミリ、車両の長さは18メートル、集電方法は1500ボルト架空電車線方式と決められた。ほかにも、工事は北千住方面より着工することや、相互直通区間に関しては、東武線内は北越谷駅、東急線内は日吉駅までとした。

車両の設計については、3社で協議を行なってから決めることとなり、乗務員は各所属線内のみ乗務することなどが決められた。

なお、乗り入れの方式についても以下の決まりを設けた。

①相互直通は営団と東武、および営団と東急、それぞれの間に限ること。

すなわち、東武、東急間での相互直通運転は、営団車両以外は行なわないこと。

②相互に直通させる列車の走行キロは、均衡させるものとすること。

③相互直通する列車は、普通の各駅停車運転とすること。

以上の取り決めが決定され、昭和36年（1961）までに、車両の規格は、18メートル3扉、不燃車体、加速度3・0キロ／時／秒、減速度4・0キロ／時／秒などと決まった。

●列車無線

列車無線というのは、列車の安全な運行を統括、コントロールする運転指令所と、走行中の乗務員との間で、電話と同じように会話ができる連絡設備である。相互直通運転の際には、同一システムを使用していない限りは乗り入れ先の数だけ、この列車無線のアンテナが必要である。

この列車無線には、大きく分けて、長波（LF）を使用した誘導無線（IR）と、超短波（VHF）や極超短波（UHF）を使った空間波無線（SR）の2種類がある。

例えば、東京メトロの車両（南北線を除く）の列車無線は誘導無線で、編成中の一部車両の車体側面（おもに連結面）に誘導無線アンテナが取り付けられており、都営地下鉄浅草線や新宿線では、先頭車両の屋根裏に、同じく誘導無線アンテナが取り付けられている。

一方、東京メトロ南北線、都営地下鉄三田線や大江戸線、おもに地上を走るJRや多くの私鉄などは、空間波無線を採用している。異なる列車無線装置の会社が、相互直通運転を行なうためには、車両に無線設備を両方用意するか、もしくは全線を直通先の無線設備に変更しなくてはならない。工事にかかる時間や労力・費用的な問題を考えて、基本的には、乗り入れする車両に無線設備を両方用意する方法が取られている。そのため日比谷線車両は、直通先の東武や東急に合わせた空間波無線アンテナを、東武や東急の車両は、日比谷線にあわせた誘導無線アンテナを、先頭車両の屋根裏に取り付けているのだ。（現在では、日比谷線と東急線は相互直通運転を行なっていない）

では、現在東京メトロが相互直通運転をしている会社はどれくらいあるのか？　JR、東武鉄道、東京急行電鉄、小田急電鉄、箱根登山鉄道（小田急車のみ）、西武鉄道、埼玉高速鉄道、東葉高速鉄道、横浜高速鉄道の9社14路線となっている（運転協会誌673号より）。その延長距離は、337・5キロ（乗り入れの重複他社路線は1路線とした）にもなり、東京メトロ線の195・1キロを合わせると、532・6キロの巨大なネットワークが形成されている。

営団地下鉄トリビア

●銀座線で運転された混合編成

日本初の地下鉄路線・銀座線では、開業当初の1000形から最新のVVVFインバータ制御車両の1000系の登場に至るまで、さまざまな車両が活躍した。

開業当初から使用されてきた1000形や1100形、東京高速鉄道から引き継いだ100形は、昭和43年（1968）で引退したが、その後も1000形と同じ東京地下鉄道1200形をはじめ、1300形、1400形、1500形、1600形、1700形、1800形、1900形、2000形などが編成を組み、運行されていた。このような混合編成では、新旧さまざまな時代の車両が連結されていたため、旧式の吊りかけモーターを響かせて走る列車編成もあった。

銀座線の2000形　昭和47年（K）

6両編成中、両端の先頭になるのは2000形と決まっていたものの、中間には片開き扉の1500形が組み込まれることもあり、シルヘッダー（窓枠上下の補強板）付きの1200・1300形を連結して走る編成もあった。

昭和43年（1968）以降、01系が登場するまで、一部（新1500形）を除いて電動発電機を搭載していない関係から、駅進入時やポイントの渡り線のデッドセクション（死電区間）に入ると、車内灯が消え予備灯が点灯した。

●譲渡車両の話

日本の高度経済成長期、営団地下鉄は新路線開業のたびに、その時代の技術力を結集した新型車両を誕生させてきた。

長野電鉄を走る元日比谷線3000系（K）

銀座線の2000形、丸ノ内線の500（300・400・900）形、日比谷線の3000系、東西線の5000系などである。しかし、時代の流れで新型車両が誕生し、引退していった当時の高性能電車のなかには、第2の人生を歩んでいるものもある。

2000形は、1両の長さが16メートルと短いため、地方交通線などの中小私鉄に人気が高く、集電方式を変更してパンタグラフをのせるコストはあったが、日立電鉄（現在は廃止）に24両、銚子電気鉄道に2両が譲渡された。銚子電気鉄道に渡った2両に関しては、1000形としてのちに旧営団時代の丸ノ内線色と銀座線色に塗られていたが、丸ノ内線色は、平成27年（2015）に引退した。

日比谷線で活躍した3000系は、長野電鉄（長野県）に37両売却された。18メートル級と小柄な車体は、

熊本電鉄に譲渡された01系（K）

長野電鉄でも好評で、現在も３５００系・３６００系として活躍を続けている。
長野電鉄は、長野線長野〜善光寺下間は地下区間を走る。この区間には途中駅もあるため、元東京メトロ３０００系がやってくると、かつての日比谷線を思い出し、筆者は懐かしい気持ちになる。
東西線の５０００系は、東葉高速鉄道（千葉県）に１２０両が売却された。東葉高速鉄道は、東西線の延長区間として平成８年（１９９６）４月に西船橋〜東葉勝田台間で運転開始した路線である。当初の計画では、自社発注の新型車両を導入する予定もあったそうだが、建設費や土地の購入費などコストが大幅にかかった関係から新型車両の導入を見送り、東西線で引退した５０００系を改造のうえ１０００形として運転を開始した。東葉高速鉄道は、東西線

千代田線6000系と小田急9000形（K）

とほぼ一体の運行形態で東西線の車両も乗り入れており、東西線で引退した車両が車籍変更を行なって乗り入れてくるという光景が見られた。なお、東葉高速鉄道ではその後、新製の2000系を増備。平成18年（2006）12月に10000形（旧5000系）は引退し、一部はインドネシアへ売却された。

丸ノ内線の500形車両は、海を越え南米のアルゼンチン共和国・ブエノスアイレス市に渡った。現地の地下鉄を運営する「メトロビアス」では、日本の丸ノ内線と走行条件（軌間、集電方式、電圧）が一致していたため、ほぼそのままの状態で活躍している。

千代田線で活躍した6000系と有楽町線の7000系などは、インドネシア共和国・ジャカルタの「KRL ジャボタベック」で活躍している。600

0系や7000系は、現地製造の車両よりも性能や保守性などに優れているといい、営団の車両技術の高さがうかがえる。鉄道発展途上国にとって、日本の中古車両は人気が高く、人々の欠かせない足になっているようだ。

ちなみにインドネシアでは、05系や5000系の一部、さらにはJRの103系、203系、205系、東急の8500系なども活躍している。日本人にとっては、懐かしの電車に再会できる「動態博物館」のようだ。

また、最近では、銀座線の01系が熊本電気鉄道に譲渡され、新たにパンタグラフを設置して2両編成となり、北熊本～上熊本間で活躍している。

●車両形式番号のつけ方

車両の形式番号は鉄道会社によってさまざまであるが、相互直通運転を行なっていることが多い地下鉄では、同じ線路の上を乗り入れ各社の車両が走るため、形式番号が重複しないように乗り入れ相手の都合も考慮したうえで決定することが多い。

千代田線と小田急線の場合、乗り入れ開始当時の千代田線の主力といえば6000系で、小田急は千代田線直通用として9000形を投入した。当時の小田急の最新型といえば5000形で、乗り入れ用の新形式は6000形となるはずだが、番号を大きくとばして9000形となっている。

そのほか、東京メトロの車両は、どの車両が何号車にあたるかが、一目でわかるように工夫がされている。6000系以降開発された車両の百の位に、号車番号が入るようになったためだ。例えば1号車は、6100形、2号車は6200形、3号車は6300形となっている。

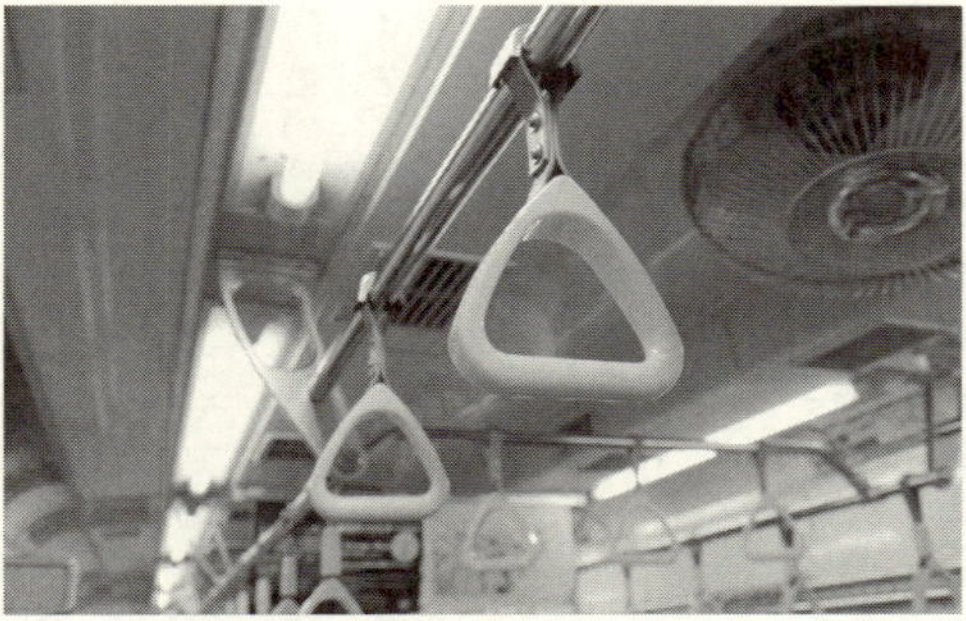
6000系の三角形吊り手（K）

●吊り手（吊り革）の変化

地下鉄車両の歴史を語るうえで、「吊り手」の変遷も興味深い。かつてその素材に革が使われていたことから「吊り革」とも呼ばれる吊り手。昭和2年（1927）の上野～浅草間開業に用意された地下鉄車両第1号の1000形から、さまざまな工夫がされている。

銀座線の項でも触れたとおり、1000形に取り付けられたのは「リコ式」と呼ばれているものであり、アメリカのRailway

Improvement社が製作した吊り手だ。

これは、鉄製の吊り手が取り付けられており、つかんだ状態から手を離すと、スプリングの力で窓側に収まるようになっている。車内のデザイン的にも、綺麗に揃っているため好評であった。

このリコ式吊り手は、東西線5000系の初期導入車まで使用されていたが、昭和42年（1967）の増備車からは、国鉄や私鉄などで一般的に使用された普通の丸形吊り手に変更されてしまった。

次に変化が出たのは、昭和45年（1970）に発表された千代田線の新型車6000系で、握り部分が三角形に変化した。この三角形のつり革は、今までのレール方向からマクラギ方向の取り付けに変わり、丸形の持ち手よりも持ちやすいと評判になった。この三角形つり革の形状は、のちにJRの車両にも普及し現在に至っている。

●ドアの変化（窓の形状）

営団時代に開発された車両に限るが、5000系から8000系は乗降用ドアの窓が小さく設計されている。この理由は、ガラスの破損や子どもがドア窓にしがみつき、戸袋に引き込まれる危険性があるので、子どもの目線の高さに窓がこないように、設計されたとのことだ。

筆者も幼い頃、千代田線６０００系のドア窓から外の風景を見ることができずに泣かされた経験がある。当時の国鉄常磐線に直通する１０３系に乗車したときのみ、ドア窓から外の風景を見ることができたのだ。

しかし、銀座線01系以降の新系列車両のドア窓は大型化されている。引き戸部の形状改良により、引き込み事故が少なくなったのがおもな理由である。そのほかに、車内を明るく見せる効果もあるようで、６０００～８０００系の更新車も、ドア窓を拡大したものに変更されている。

営団地下鉄の車両たち

●有楽町線・副都心線用７０００系

７０００系は、昭和49年（１９７４）10月30日に有楽町線（８号線）の開業（池袋～銀座一丁目間）と同時にデビューした車両である。

有楽町線で使用する７０００系は、千代田線の綾瀬検車区で保守・管理をすることになったため、千代田線の６０００系と、ほぼ同じ外観と仕様になっている。異なる点を挙げると、ラインカラーである「ゴールド」に見合った黄色をまとっていることや、将来的に直通先で使用される

ドア窓が小さい6000系と大きい01系（K）

予定を考慮して、前面に列車種別表示器を取り付ける窓があること、側面の行先表示器の位置が異なり、種別表示器が設置されていることだ。

デビュー当初の7000系は、5両編成×19本（7101編成～7119編成）が製造された。特徴的な仕様は、同車で採用されたサイリスタチョッパ制御が、6000系で使用されたものより一歩進んだAVF（自動可変界磁）チョッパを採用したことである。チョッパ制御とは、電流のオン／オフを高速で繰り返す事によって、電圧を調整する制御方式だ。

AVFチョッパ制御は、主電動機の界磁巻線を2分割し、チョッパをオンオフする時間が連続的に変化することを利用したものだ。6000系に比べて、高速領域による回生ブレーキ（逆起電力により生じた電気を架線に戻して、他の電車の加速に使用する）

の特性の改善や、力行時の引張り力の連続的変化によって、乗り心地も改善された。

また7000系は、昭和55年（1980）3月27日に銀座一丁目～新富町間が延伸開業した際、1編成（7120編成）が増備されたのを皮切りに、さらなる延伸や輸送力増強に伴い、そのつど増備が行なわれてきた。

池袋～営団成増（現・地下鉄成増）間の延伸開業時に5両編成だった車両を10両編成とし、中間車を5両追加製造し、同時に、延伸開業に伴う輸送力増強のため、10両編成×6本（7121編成～7126編成）が、新製された。

追加製造された中間車5両は、新製された編成と同様、マイナーチェンジ車として製造されているため、側窓の天地寸法が拡大されたうえ一段下降窓となり、側引き戸の窓も若干ではあるが大きくなった。また、冷房装置の取り付け準備工事も実施され、屋根のRも深くなり、台車も片押し式の「FS515」に変更された。この車体のスタイルは、6000系や8000系の増備車にも採用されている。

なお、昭和62年（1987）の和光市延伸時に登場した10両編成×1本（7127編成）は、製造当初から東武東上線乗り入れのための装置などを搭載して登場した。その後、新木場延伸開業の昭和63年（1988）に10両編成×5本（7128編成～7132編成）が導入されたが、

東横線を走る7000系（K）

この編成は製造当初から冷房車としてデビューしている。

７０００系の最終増備は、平成元年（１９８９）に登場した10両編成×２本（７１３３編成〜７１３４編成）で、先頭車の一部パンタグラフを省略し、車外スピーカーの設置や車内ドア上部に、案内表示器の設置と自動放送装置が搭載された。

登場から20年が経った平成６年（１９９４）度から、大規模な更新工事が行なわれた。最初の更新車はＡＶＦチョッパ制御で登場したが、平成８年（１９９６）度以降は、制御器をＶＶＶＦインバーター方式に変更した。

その後、平成20年（２００８）の副都心線開業に備え、７０００系の一部編成を対象に、平成19〜20年（２００７〜２００８）にかけて改造が行なわれ、

ＡＴＯ（自動列車運転装置）の搭載や可動式ホーム柵への対応工事が行なわれた。この際、15本が副都心線用の8両編成に組み替えが行なわれ、10両編成は6本だけとなり、全編成がＶＶＶＦインバータ制御に変わった。外観のデザインも、７０００系とともに副都心線で使用される１００００系のラインカラーにあわせ、ブラウンを基調としたイエローとホワイトの細帯が入るものに変更されているため、印象がだいぶ変わっている。

この時、一部の編成は、未改造のまま廃車となり、10両編成×４本（７１１７編成、７１２１編成～７１２３編成）は、譲渡車両の話の項でも述べたようにインドネシア（ＫＲＬ　ジャボタベック）に渡り、いまもなお活躍を続けている。

●半蔵門線用８０００系

半蔵門線の最初の開業は、昭和53年（１９７８）の渋谷～青山一丁目間で、短い区間での開業だった。また、車両基地がなかったため、営団地下鉄として新たに新型車両を導入することを見送り、直通運転先である東京急行電鉄新玉川線の車両８５００系のみでの運行開始となった。

営団地下鉄が自社車両を導入したのは、昭和56年（１９８１）４月のことで、青山一丁目～永田町間の延伸開業以降であった。

渋谷駅付近での半蔵門線工事の様子。昭和51年（S）

導入された車両は８０００系で、千代田線６０００系をベースにしたデザインだ。異なる点は、前面の形状や前照灯と尾灯が一つのライトユニットに収まっていることなど、それまでのイメージを一新している。

主電動機は、有楽町線用の７０００系と同様のＡＶＦチョッパ制御によるものだが、冷却方式などが改善され、省エネルギーや低騒音化、保守性の向上を目的に改良が加えられている。さらに、直通先である東京急行電鉄新玉川線と田園都市線の都合にあわせて、運転に関わる保安装置や運転操作にも「Ｔ形ワンハンドルマスコン」が採用された。

この半蔵門線用の８０００系が東西線を走ったことがある。昭和62年（１９８７）のことで、東西線では全列車を10両編成に統一することになり、使用していた５０００系の編成組み替えや05系の投入を予定していたが、05系の開発、導入が遅れており、車両不足になってしまう可能性が出てきた。そこで、ちょうど半蔵門線用に製造していた８０００系３次車の10両編成×３本を完成させ、一時的に東西線に貸し出すことになったのだ。東西線を走ることになった８０００系は、同線の運転方式にあわせるため、運転台や保安装置などは東西線の仕様で登場した。外観上は、車体帯色が半蔵門線用のパープルだったため客室ドア上に誤乗車防止策として「東西線」と書かれたステッカーが貼られていた。のちの昭和63年（１９８８）に05系が登場したため、８０００系は本来の活躍場所である半蔵門線に転属した。

余談ではあるが、この８０００系３本は東西線在籍中に冷房改造が行なわれ、東西線初の冷房車となった。

現在８０００系は全車が健在で、北は東武日光線の南栗橋や東武伊勢崎線の久喜、南は東急田園都市線の中央林間までと、ロングランで直通する運用もある。

●最先端だった６０００系

日本国内の鉄道車両において、初めて回生ブレーキ付き電機子チョッパ制御が実用化された電車は、千代田線の６０００系である。

6000系は、千代田線開業にあわせて導入する車両として開発された。最初に登場したのは、6000系第1次試作車で、昭和43年（1968）に、当時の汽車製造（現在の川崎重工業の一部）によって、3両編成×1本が製造された。

この6000系の代名詞ともいえるチョッパ制御は、半導体素子により、電圧と電流を高速でオンオフすることで、モーターを制御するシステムである。従来の抵抗制御に比べ、電力の消費を削減した省エネルギーであり、省メンテナンスなどの特徴もある。

そもそも営団が、このチョッパ制御の試験を始めたのは、昭和40年（1965）で、大手電機メーカーの三菱電機が製作した電機子チョッパを、丸ノ内線（600ボルト運用）で試験運転した。さらに翌年、昭和41年（1966）には、日比谷線（1500ボルト運用）でも試験運転が行なわれた。この試験は、三菱製のほかに、日立製の電機子チョッパも採用され、両メーカーが、切磋琢磨しつつ、チョッパ制御の完成度を高めていった。この結果、昭和44年（1969）に開通する千代田線用の車両に、チョッパ制御を導入することが決まり、変電所などの地上設備の対応とともに、6000系試作車の製造が進められたわけだ。

昭和43年（1968）4月に登場した6000系第1次試作車は、3両編成×1本（6001・6002・6003）が製造された。アルミ車体で、前面のデザインが非常に特徴的だ。そ

6000系の第1次試作車（K）

のデザインは、運転台の窓を大きく取り、その脇には非常用扉を配している。６０００系の斬新なデザインは、その後の鉄道車両のスタイルに大きく影響し、現在の新型車両においても、そのデザインが受け継がれている。車内は、車両間の貫通扉を排除し、カリフラワー形状の開口部にしたことで、車内の広さを演出し、3両編成全てを見渡すことができる。

制御装置は、3両とも電動車だが、チョッパ装置の実験のため、６００１が三菱電機製電機子チョッパ、６００２が超多段式抵抗制御、６００３が日立製作所製電機子チョッパを搭載し、製造メーカーの比較実験などに対応した。

６０００系の開発は、制御装置の技術と車両のデザインともに、今までの鉄道車両の常識にとらわれない革命的な電車であった。第１次試作車は、東西線の深川検車区の所属となり、東西線での各種試験を行なった(のちに千代田線が綾瀬まで延長開業した時点で、綾瀬検車区へ転属)。

第1次試作車の試験の結果、さらなる詳細なデータが必要になったため、昭和44年(1969)8月に第2次試作車6両編成×1本(6011~6016)が製造された。オール電動車の編成として、2両1ユニット構造(ただし、チョッパ装置は3台/編成)になっている。車体構造やデザインも、一部が見直され、製造時の工作性や運用時のメンテナンスも容易にできるように変更された。外観上は、車体下部の袖胴が太い以外は、後に登場する第1次車量産車に近い形で、営業運転での実践を意識した試作車といえる。この第2次試作車も、東西線の深川検車区に所属し、同線内でさまざまな試験が行なわれた。

さて、千代田線の最初の区間である北千住~大手町間は、昭和44年(1969)12月20日に開業したが、残念ながらこのとき、6000系量産車の製造が間に合わず、当時の営団の最新車両である5000系が投入された。そして、昭和46年(1971)3月20日の大手町~霞ケ関間の延伸開業にあわせるタイミングで、6000系の量産車がデビュー。さらに第2次試作車の営業仕様への改造が行なわれた。これらの時期は、1カ月後の常磐線との相互直通運転に備えたものだ。

第2次試作車に関しては、6両編成だったものに、新たに中間車4両を製造して組成、10両編成として配置した。前面の帯も、ライト周りまでだったものを、帯を延長して反対側に回り込む形のデザインにした。両先頭車が電動車であるなど、ほかの量産車編成とは異なる存在になった。

また、車両番号も量産車の編成番号にあわせ、6101～6901・6001へと改番された。さらに、大手町～霞ケ関間の延伸開業にあわせた量産車（第1次量産車）が、10両編成×12本（6102編成～6113編成）が製造された。量産車の登場により、第1次試作車は車号がダブるため、6000‐1、6000‐2、6000‐3に改番された。

このときに製造された量産車は、第1次～第2次試作車で培ったノウハウを十分に生かし、さらなる改良とコスト抑制を図り、開業時に活躍した5000系車両の8M2T（8両の電動車と2両の付随車を連結した10両編成）に対し、車体も軽量化を達成するなど、6M4Tを可能とした。21世紀に向けて、まさに省エネ電車の先駆けとなったのだ。

華々しくデビューした6000系は、翌年の昭和47年（1972）に、鉄道友の会から「ローレル賞」を受賞した。また、チョッパの開発に携わった営団と三菱と日立には、運輸大臣賞が贈られた。さらに、6000系の開発に深く携わった関係者は、海外からIEEロンドン会議やVDEミュンヘン会議などに招かれ、チョッパ電車の開発経緯や使用実績などを発表した。

6000系は、千代田線の延伸や輸送力強化に伴い増備が行なわれ、平成2年（1990）9月までに、本線用10両編成×35本と、第1次試作車から改造した北綾瀬支線用3両編成×1本が揃い、合計353両の大所帯となった。

製造された時期によって、当時の新技術が付け加えられているものの、戦後の高度経済成長期から平成の時代まで、じつに20年以上にわたって、同系列が製造され続けた。この事実は、6000系の完成度がいかに高いかを、裏付けていることになるだろう。

昭和63年度からは更新工事が行なわれ、冷房機の搭載なども進められた。さらに、平成7年度からは、制御装置をIGBT方式のVVVFインバータ制御に交換する作業が行なわれたが、後継の16000系の製造が計画されたため、全編成には施工されなかった。そのため、平成22年（2010）より16000系の投入が行なわれると、VVVF未改造編成から、運用離脱が始まった。一部はインドネシアに譲渡され、海外で活躍を続ける編成もあり、今後は譲渡車両としても末永い活躍を期待するところではあるが、まだまだ国内で活躍する6000系も多く残っている。

それゆえ、高い功績を残し、最後の雄姿を見せる6000系たちに、心からエールを送りたい。

●0系シリーズの車両

０系シリーズの車両とは、銀座線01系からなる第２世代の車両たちのことをいう。営団地下鉄時代に、新線開業にあわせて導入された車両たちの置き換え用として製造され、最初の登場は、銀座線用の01系である。

01系以前の銀座線といえば、暗いトンネルのなかを、オレンジ色の旧型電車が轟音を響かせて走ってくるイメージで、いかにも日本で最古の地下鉄路線と感じさせるものであった。

銀座線は、昭和２年（１９２７）の誕生以来、駅施設改良補修を行なっており、車両も昭和43年（１９６８）に開業以来の旧型車両をすべて置き換えている。

しかし、導入した新型車両を旧型車両と同じ仕様で製造してしまったことから新車と旧車の見分けがつきにくく、銀座線のイメージアップにはつながらなかった。これらのことから営団は、銀座線の近代化を計画し、従来の銀座線車両とは異なる全く新しい新型車両の計画を始め、01系が昭和58年（１９８３）５月から投入された。

01系車両は、アルミ車体で従来の車両の製造方法とは異なり、アルミ合金の大型押し出し形材や中空押し出し形材を多く使い、溶接箇所の少ない工法を取り入れている。識別帯も、銀座線のラインカラーであるオレンジのほかに、白と黒の細帯のアクセントが入っている。外観のデザインは、全体的にフレッシュな印象である。前面のデザインは、直線的で都会的なイメージだ。また大きな窓が、運転士の視界を広く確保している。

客室内は、明るく落ち着いた暖色系で、床もベージュとブラウンの2色でまとめられていて、車内が明るく感じられる。

なお、営団初の導入となった旅客サービスのひとつとして、「車内駅名表示装置」がある。ドアの室内側上部に取り付けてある装置で、列車の進行方向と次に停車する駅名を、発光ダイオードで表示する。車両の進行に合わせて、自動的に表示が進んでいくシステムである。

銀座線の01系（K）

この01系は、まず試作車として第1陣（6両編成×1本）が、各種装置のチェックと試運転を終え、昭和59年11月30日より、営業運転を開始した。01系の導入によって、銀座線のイメージアップ効果が高かったため、その後丸ノ内線、日比谷線、東西線の新型車両誕生につながっていった。

昭和63年（1988）、丸ノ内線に登場した02系は、銀座線01系と兄弟車両にあたる。基本的には同じ構造だが、車両サイズを銀座線の16メートル

日比谷線の03系（K）

丸ノ内線の02系（K）

級から丸ノ内線仕様の18メートル級とし、01系の直線的なデザインに比べ、丸みを持たせている。

本線（池袋～荻窪間）用で使用される02系は６両編成だが、分岐線（中野坂上～方南町間）で使用される02系は３両編成で、運転台のマスコンハンドルの仕様などが変更されている。

日比谷線03系は、昭和63年（１９８８）の日比谷線輸送力増強と冷房車導入を目的に誕生した車両である。基本的な設計は、のちに紹介する東西線用05系をもとに製作されたが、営団として初のＴＩＳ（車両制御情報管理装置）を導入している。ＴＩＳは、列車の運転状況や走行状態を車掌や運転士が確認できるようにモニタに表示させるシステムのことだ。また、相互直通運転に対応するため、従来の３０００系車両と同様に、東急や東武の保安装置、列車無線などを搭載している。一部の編成では、朝夕のラッシュ時間帯に旅客の乗降がスムーズに行なえるように、編成の前後各２両に、乗降扉が片側５つある車両を連結している。

東西線05系も、輸送力増強と冷房車導入を目的に、昭和63年（１９８８）

東西線の05系new（K）

東西線の05系（K）

から製造を開始し順次導入された。前面を緩やかに傾斜させたデザインで、快速列車として地上区間を100キロ／時で走行する。識別帯は、東西線のラインカラーであるハイライトブルーを基調に濃いブルーとホワイトの帯を配している。車両サイズはJRとの相互直通運転を行なう関係から、20メートル級車体となっている。05系のうち24編成のなかには、廃車になった5000系のアルミ車体を素材として製造された「アルミリサイクル車両」として登場している。また、ラッシュ時の乗降時間短縮のため、乗降扉を拡大した編成も存在している。

05系は製造期間が長く、後期に誕生した車両は「05系new」と呼ばれていて、前面形状が大きく変更されている。前照灯と尾灯の位置が吊り目のような配置になり、床下にもスカートが装着され、力強い印象になった。

平成5年（1993）、千代田線の輸送力増強のために導入された06系は、1編成（10両編成×1本）のみ。外観のデザインは、05系や03系に比べて丸みを帯びた印象がより強くなり、前面のガラスも曲線で構成されている。だが千代田線では運用する自社車両を16000系に統一する予定であることから、平成27年（2015）9月には解体が始まった。

06系以降に登場する0系シリーズ車両たちは、従来の旧型車両との置き換えというより、あくまでも増備車という考えが適当だろう。この06系が登場しても6000系の廃車は発生せず、ともに長い間走り続けてきた。

有楽町線に導入された07系は、06系と同じタイミングで登場した。基本的な構造は06系と一緒だが、こちらは10両編成×6本が製造された。有楽町線のラインカラーであるゴールドを識別帯として車体に巻いていたが、有楽町線の駅のホームドア導入に伴って、東西線に転籍している。現在は、東西線用05系とともにハイライトブルーの帯をまとい活躍している。

千代田線の06系〈左〉（K）

08系は、平成15年（2003）3月、半蔵門線水天宮前～押上間の開通時に導入された車両で、営団時代最後の新系列車両となった。基本的な構造は、従来の0系シリーズと同一だが、相互直通運転の関係から運転台のマスコンハンドルを、T形ワンハンドルのマスコンタイプにしている。

南北線9000系は、南北線開業時の平成3年（1991）に導入された車両である。南北線は、ATO（自動列車運転装置）やホームドアなど、〝次世代の地下鉄〟をコンセプトに計画され、車両もそれに対応する形で設計された。車両の形式は1000単位であるが、登場した時期や構

半蔵門線の08系（K）

東西線に移った07系（K）

造から、その他の0系シリーズとほぼ同一構造となっている。また、新線開業時に導入された車両なので、旧型車両を置き換えるというかたちではなかった。

このように、おもに第1世代である旧型車両の置き換え用として登場した0系シリーズの車両は、1980年代～2000年代にわたって、時代を駆け抜けてきたのである。そして、その技術は今日、東京メトロで活躍する10000系を基本とした新型車両に受け継がれているのだ。

平成28年度には、銀座線ですべての01系が新型車両の1000系に置き換えられる予定となっており、すでに既存車両の廃車がはじまっている。また、2編成4両が熊本電気鉄道に譲渡された。

千代田線で活躍する6000系も、近い将来16000系に置き換わることが発表されている。第2世代の06系はすでに退き、第1世代と第3世代の珍しい隔世での活躍もあとわずかである。

有楽町・副都心線用10000系（K）

●最新型の10000系列（東京メトロ標準車両）

１００００系は、東京メトロ発足後の平成18年（２００６）に、４編成が登場した。

車体は、営団地下鉄時代最終期に導入された東西線用の05系13次車がベースになっている。従来の車両に比べて、コストダウンや省メンテナンスをコンセプトに開発が進められ、快適性や使いやすさ、リサイクル性や車体強度の向上、火災対策の強化を図っている。

登場当初は、有楽町線の新系列である７０００系、07系に続く第３世代として発表されたが、系列に「７」が入らず、１００００系という名でデビューした。これは、開発当初から、のちに開業する13号線（副都心線）にも対応できるような設計にしたためだ。

基本編成は10両で、電動車と付随車が５両編成ずつ製造された。形式は、新木場寄りから１０１００、１０２００、１０３００と続き、和光市寄りの先頭が１００００となっている。この形式番号順は、千代田線用６０００系以降の車両と同じ付け方を採用している。

車体は、アルミ合金製のダブルスキン構造を採用。型材の接合は、ＦＳＷと呼ばれる方法で行なっており、平滑の美しい車体外観を実現している。先頭部は、車体下部から上部へかけて曲線を描いている。また、6000系から続いていた非常貫通扉を車体の端に寄せるオフセット構造から、以前の中央部に戻すことになり、運転室周辺機器の配置に制約を受けることになった。従来の車両との共通性を確保する必要があったが、メーター類の小型化やマスコンなどの操作機器の寸法見直しに留まることになった。

マスコンハンドルの形は、東急電鉄や東武鉄道など直通運転先との都合を考慮し、T字形ワンハンドルタイプを採用した。客室は、天井が高いのが大きな特徴だ。客室天井にある冷房の吹き出し口（ラインフローファン）をマクラギ方向に向け、屋根と構体との隙間を減らしている。また、車内の車両間を吹き抜けのような構造にしたため、編成全体が一体となっているように感じられる。

これは、車両間にある貫通扉に理由がある。従来の車両構造ならば、車内の化粧板と同じような扉が設置されるが、10000系では、扉全体が強化ガラスになっており、車両間の見通しが良くなったからだ。この発想は、創業当時の1000形を製造した当時からの概念であり、地下を走る車両のなかで、いかに明るい空間を作り上げるかという考えのもとで、デザインされた結果である。

外観は、アルミ合金車体に、副都心線のラインカラーであるブラウンと有楽町線のラインカラーのゴールド、腰部へのアクセントにホワイトの3色をまとっている。

１００００系は現在、有楽町線と副都心線、その直通運転先である東武東上線、西武池袋線系統、東急東横線などで見ることができ、埼玉の飯能・川越～神奈川県の元町・中華街と広いエリアで活躍している。

そして東京メトロは、１００００系の開発で得た経験を、新たな車両製作に役立てている。平成22年（２０１０）に東西線用として登場した１５０００系は、05系（13次車）をベースにしながらも最新技術を用い、安全性とリサイクル性の向上、メンテナンスフリーを積極的に取り入れ、１００００系の要素を盛り込んだ車両である。機能面では、おもに台車やプロパルジョン（駆動システム）が同じ仕様である。

また、１５０００系の大きな特徴といえば乗降扉の幅である。東西線では、朝ラッシュ時間帯の中野方面行きの混雑が激しく、旅客の乗降に時間がかかり遅延が多発していた。その対策として、平成3年（１９９１）に05系をベースに乗降扉の幅を通常の１３００ミリより広くした１８００ミリのワイドドア車両を用いて、ラッシュ時間帯の乗降時間の短縮を図っていた。

車両の外観は、05系（13次車）のイメージを残しつつ、新たに前照灯や識別帯のデザインを変更したことで、新鮮な印象となった。

15000系の投入により初期の05系が置き換えられたが、残る先代の05系とともに、東西線、JR中央・総武緩行線、東葉高速鉄道線を走行しており、最長では千葉県の東葉勝田台から西船橋・大手町・中野を経由し、三鷹まで結んでいるロングランの列車もある。

次に、千代田線の新型車両として登場した16000系は、10000系をベースとし旧型車6000系の置き換え用として平成22年（2010）に誕生した。千代田線では、平成5年（1993）に06系が導入されて以来、じつに17年ぶりの新型車両の登場となった。曲線や高低差の多い千代田線を走るため、従来以上の走行性能の安全性や快適性を追求し、最新技術を盛り込んだ車両開発を目的に誕生した。

千代田線16000系（K）

機能面では、電動機に永久磁石同期モーター（PMSM）を採用しているのが最大の特徴で、10000系と比べても、省エネ効率が向上している。PMSMは、回転子に永久磁石が引き合うリラクタンストルク（リアクタンストルクともいう）によって回転する構造である。従来の電動機に比べて発熱が小さく、エネルギー効率も高いことが挙げられる。ちなみに、このPMSMは、直流600ボルト第三軌条方式の丸ノ内線02系（更新車）

でも採用されている。

なお、１６０００系は、平成23年（２０１１）に、鉄道友の会が毎年1回、前年度中に営業に就いた車両のなかから、優れた車両を選定する「ローレル賞」を受賞している。その選考は、性能、デザイン、製造企画、運用などの諸点に卓越したものがあると同会の選考委員会によって認められた車両に対して贈られるものだ。１６０００系は、このＰＭＳＭが高く評価され、ローレル賞の受賞となった。東京メトロは、千代田線６０００系、銀座線01系に続く3度目の受賞であり、さらに千代田線が2度にわたってローレル賞を受賞した功績は、非常に素晴らしい。

１６０００系の特徴に戻ろう。車体外観は、１００００系をベースに丸みを帯びたデザインでありながら、前面ガラスや標識灯類、識別帯のサイドラインに直線的な斜線を用いることで、繋がっているようなイメージに演出し、シャープな顔つきだ。

1次車にあたる5編成（１６１０１編成～１６１０５編成）は、前面の非常用貫通扉が中央に設置されているが、１６１０６編成以降は、向かって左側に貫通扉がオフセットされている。またラインカラーは、千代田線のグリーンを基調にグラデーション調のデザインが施されている。

客室内も、１００００系を基本としている。配色は、床と腰部に紺色、化粧板パネルは白を基調としており、爽やかな印象である。車両間の貫通扉も、１００００系から引き継がれているがラス製を採用しているため、車内は開放感のある空間となっている。

運転台は、常磐線と小田急線との相互直通運転を考慮して左手のみで操作可能なワンハンドルタイプが設置されている。計器類は、アナログ表示を廃止し、TIS（車両制御情報管理装置）モニタを2つ設置。左側はメーター画面、右側はTIS情報画面を表示している。

速度計のTISモニタ化は、東京の地下鉄車両としては初の導入である。車内信号や運転情報は、既存車両と同様に表示し、過走防護パターンも速度表示に赤帯で表すようになっている。また、TISが故障した場合でも確認が可能なように、機械式の双針圧力計を運転台下に設置している。台車は、軸箱支持装置がモノリンク式のボルスタ付き台車（FS-779）を採用。これは、走行の安定とメンテナンス性を考慮し開発された。

東京メトロでは、営団時代の8000系からボルスタレス台車を採用してきたが、整備調整の都合上から、10000系以降は再び、ボルスタ付きの台車を採用しているのだ。

現在16000系は、千代田線（綾瀬〜代々木上原）、JR常磐線（綾瀬〜取手）、小田急線（代々木上原〜唐木田）を中心に走行してい

銀座線の1000系（K）

る。今後は、先代の６０００系の置き換えがさらに進み、平成27年（２０１５）度末時点で、１６０００系は8編成が増備され、36編成中24編成が１６０００系となる予定だ。そんな１０００系列の増備が続く中、東京メトロ全体では、銀座線で01系が全て１０００系に置き換わることも発表されている。

近い将来、営団時代から引き継がれた車両たちは、全て東京メトロ発足以降に誕生した新系列車両に置き換わることになるだろう。

駅のあれこれ

この項では、駅で見られる設備などを紹介していこう。

●ホームドア

まずはホームドアから。最近ではよく見かけるようになったホームドアだが、ひと昔前の地下鉄では、東京メトロ南北線にしかなかった。

南北線を利用したことがある人ならば、ホームに降り立つと明らかに他の路線とは異なった雰囲気を感じ取れるはずだ。なぜなら、線路とホームが、ガラスの壁で覆われ仕切られているから

桜田門駅のホームドア（K）

である。

強化ガラスで、車両の高さまで覆われた形状のホームドアを、フルスクリーンタイプという。南北線のように、天井との隙間が少しだけ空いているものを半密閉式といい、完全に天井まで覆っている密閉式もある。

ホーム上の安全面の確保のために付けられているホームドアの仕組みは、電車がホームに入線し停車した後、電車の扉と連動してホーム側のドアも開き、利用者が乗降するというもの。閉まるときも同様の仕組みだ。電車が走り出す際には、ガラスの仕切りによって、ホームと電車との空間は完全に分離されているため、線路への転落の心配がなく安全性が非常に高い。

また、ホームドアには、ほかにも2次的なメリットが色々ある。それは、安全性の向上により、ワンマン運転化やホーム係員を減らせることや、電車が入線した際の風の影響も受けにくいため、入線速度を上げられることなどだ。

安全面を考えるとすべてのホームにホームドアを設置してほしいものだが、導入のためには費用面の問題のほかに非常に高度な運転技術が必要となる。電車が入線し停車した際、車両のドアとホームドアの位置がずれてしまったら、利用者は乗り降りができなくなってしまうので、決められた位置に停車しなければならない。そのため、南北線ではホームドアを設置する際に、ATO（自動列車運転装置）を採用した。このATOの精度は非常に高く、停止位置のずれが生じた場合でも、定点からの誤差は、わずかプラス・マイナス35センチ以内となっている。

ドア開閉のタイミングは、車両側とホーム側で若干の時間差がある。ドアが閉まるタイミングは、車両の方が少し早い。これは、車両側とホーム側の2つのドアに挟まれてしまった場合、動けなくならないようにする工夫である。また、車両の乗降扉の開口部は1300ミリだが、ホームドアの開口部は2000ミリとかなり広く取られている。これも、利用者の乗り降りをスムーズに行なえるようにした配慮である。

またほかに、可動式ホーム柵と呼ばれる可動柵もある。これは、南北線のように開業する際にあわせてホームドアも一緒に新設したケースとは異なり、在来路線の改良工事に適したタイプで、導入路線によって違いはあるものの、高さが1300ミリほどで、幅は2000～2400ミリほどになっている。例として、南北線と直通運転している都営地下鉄三田線や東京メトロ丸ノ内線（分岐線も含む）、千代田線・北綾瀬支線、有楽町線・副都心線などがあげられる。ちなみにJR東日本・山手線のホームドアの幅は、2900ミリである。

●駅サインシステム

駅には、駅名標や停車駅、出入口等の各種案内、乗り場への方向を示すもの、お手洗いやバリアフリーのルート案内など、たくさんの駅サインシステム（案内看板）が存在する。

いまでこそ、国内の多くの鉄道社局が採用しているサインシステムだが、もともとこのサインシステムは、営団地下鉄が初めて導入したものだ。

昭和48年（1973）に、地下鉄に不慣れな利用者でも、スムーズに駅構内の移動や乗り降りができるようにと、千代田線の大手町駅で試験的に導入されたのがはじまりである。そして翌年の昭和49年（1974）から全駅で導入していった。

その後、地下鉄の路線数はさらに増え、複数路線が交差する駅での乗り換えはどんどん複雑化していったため、営団ではよりわかりやすいサインシステムを検討。平成16年（2004）の東

駅構内のサインシステム（K）

京メトロ発足に合わせて、サインシステムの基準を制定し、翌年から実施することとなった。

利用者や駅スタッフなどの意見を取り入れながら、改良を重ねてきたが、外国人観光客の増加や高齢化社会に対応するため、さらにサインシステムの基準を総合的に見直すことになった。

この見直しは、平成25年（２０１３）から利用者や有識者の意見を集め検討が行なわれた。既存のサインシステムでも、ある程度カバーはできているものの、地下鉄の路線構造がより複雑化したことなどから、全駅統一の基準では、異なる各駅の状況をカバーしきれないことがわかった。そこで、よりわかりやすいサインシステムにするべく基準の見直し案を策定し、上野駅において、平成26年（２０１４）から試験的に見直し案の実施を行なった。その結果をもとに、駅ナンバリング表記の導入や駅設備案内の充実、周辺ランドマーク案内の4カ国表記、ピクトグラムや文字の見やすさの改善などを行なった。

東京メトロの発表によると、今後も各駅ごとに適したサインシステムの設計を進め、東京オリンピックが開催される平成32年（2020）を目途に、全駅のサインシステムを更新するという。

●地下鉄の廃駅

増え続けているように思える地下鉄の駅だが、新たな路線とともに開業する駅がある一方で、営業をやめたり機能移転などにより、使用されなくなった廃駅もある。

ここでは、現在も残る遺構としていくつかの廃駅を紹介しよう。

・幻の新橋駅（旧東京高速鉄道の新橋駅）

「幻の新橋駅」と呼ばれ、以前からメディアでも注目を浴びている駅である。そもそもこの駅は、どこにあるのか？　それは、現在の銀座線新橋駅の虎ノ門寄りにある。

渋谷方面からの電車が新橋駅に入線する際、この旧駅部分を迂回するように走る。分岐するポイントを渡るため電車は大きく揺れるので、乗車中にこの点に注意すれば、すぐにその存在に気づくことであろう。銀座線の複線の内側から分岐するもうひとつの複線の正体がこれで、この複線をたどれば、新橋駅の幻のホームが現れるのだ。

他の項でも述べたが、銀座線は、浅草～新橋間が東京地下鉄道、新橋～渋谷間が東京高速鉄道によって、それぞれ建設された。現在銀座線で使用されている新橋駅は東京地下鉄道が建設したもので、「幻の新橋駅」は、旧東京高速鉄道の新橋駅ホームなのである。このホームは、昭和14年（1939）1月の東京高速鉄道新橋駅開業から同年9月の廃止まで、わずか8カ月のみ駅として使われた。

この跡地が、今も銀座線車両の留置線として使われており、さらに一部が、東京メトロの会議室や休憩室に利用されているのだ。業務用スペースのため、一般の人は立ち入ることはできないが、東京メトロが開催する特別なイベントで、幻の地下鉄駅として公開されることがある。

・萬世橋駅（万世橋駅）

昭和初期の頃、銀座線の末広町～神田間に「萬世橋」という駅が存在した。今はなきこの駅は、昭和5年（1930）1月、神田川の手前に、一時的に設けられた仮の駅だった。

当時銀座線は、浅草方面から南へ少しずつ延伸を続けていた。延びてきた線路は、末広町駅の南で神田川と交差することになったが、当時はまだ建設土木技術が今ほど発達していなかったため、この神田川をくぐる地下鉄の工事は、難航することが予想された。そこで暫定的に、単線で萬世橋駅を開業させ、神田川下にトンネルができるまでの折り返し駅として利用された。

当時は神田川の対岸に省線（国鉄）中央線の万世橋駅があり、その連絡駅としての需要が高く、さらに都電が何系統も乗り入れていたため、この辺りは交通の要衝だった。

しかし、翌年の昭和6年（1931）11月に、トンネルが完成し、銀座線は神田まで延伸。萬世橋駅はわずか2年ほどで、その役目を終えた。

この萬世橋駅の遺構が、今でも一部現存しており、万世橋交差点付近に現在は通風口として使用されている階段などの痕跡が残る。

・表参道駅（青山六丁目、神宮前、旧表参道跡）

現在の銀座線表参道駅の渋谷寄りに、旧表参道駅のホームが今も存在する。表参道駅は、昭和13年（1938）11月「青山六丁目駅」として開業後、翌年の昭和14年（1939）9月に「神宮前駅」に改称され、さらに「表参道駅」と2度も名前が変わっている駅だ。

開業当時の銀座線は、渋谷から青山六丁目駅、青山四丁目駅、青山一丁目駅の順番で停車しており、青山という駅名が3駅も連続することから、降り間違える利用者が多かった。これを解決するため、青山六丁目駅を神宮前駅に、青山四丁目駅を外苑前駅にそれぞれ改称した。

この神宮前駅の「神宮」は、明治神宮を指している。しかしその後、神宮前駅よりさらに近い場所に、千代田線の明治神宮前駅を新設することが決まったため、「神宮」を冠した駅名はそちらに譲ることとなり、昭和47年（1972）10月20日、千代田線開業とともに駅名を表参道に変更した。

千代田線開通時は、銀座線のホームは離れた位置にあり、乗り換えはいったん地上に出なくてはならず、乗客には不評だった。表参道駅は、将来開業する予定の半蔵門線の駅も造られる計画となっていたため、銀座線ホームの移設が計画された。

工事は、半蔵門線のトンネル敷設工事と同時に進行しなくてはならず、第1段階として、昭和51年（1976）12月に外苑前方に仮駅とホームを設置し移転を行なった。その後、半蔵門線のトンネル工事と現在の表参道駅の建設が行なわれ、翌年の昭和52年（1977）12月に銀座線は現在のホーム部分が完成し移転した。ただ、その時はまだ半蔵門線のホームやトンネル工事は続けられており、完全な姿になったのは半蔵門線が開業する昭和53年（1978）のことだった。

工事完了後も、旧表参道駅ホームは取り壊されずに、残っている。

東京メトロ以外にも、京王線初台駅（本線）や京成線の博物館動物園駅など、地下には使われなくなったホームや廃駅が、いまもなお存在している場所がある。興味のある方はぜひ、地下鉄の遺構探しへ出かけてみてはいかがだろうか。

池袋駅の謎

●丸ノ内線の駅

昭和29年（1954）1月、戦後初の地下鉄が、池袋〜御茶ノ水間で運転を開始したのが丸ノ内線である。

この丸ノ内線の電車は、当時としては派手とも思われる赤い車体に白いライン、そしてその白いラインの中には、正弦波のようなステンレスの飾り帯が配されていた。まさに戦後の暗い時代からの脱却を表すような、明るくモダンなデザインの電車であった。

池袋からトンネルを掘り始めた丸ノ内線は、昭和37年（1962）に荻窪までの全線開通を迎えるのだが、開業当時から昭和35年（1960）までの約6年間、丸ノ内線池袋駅のホームは、現在の池袋駅とは少し違う場所にあった。50数年経った現在でも、その痕跡を残している場所が

御茶ノ水付近で神田川を渡る丸ノ内線（K）

ある。池袋駅のホーム先端（荻窪方）に立って、暗がりにあるトンネルの壁面を眺めると、かすかにホーム跡と思しき段差があるのが見えるはずだ。これが、池袋仮駅のホーム跡にほかならない。

では、なぜ6年にもわたって、池袋駅のホームが仮駅だったのか？

現在の池袋駅は、ＪＲ山手線・埼京線・湘南新宿ライン、東武鉄道東上線、西武鉄道池袋線、東京メトロ丸ノ内線・有楽町線・副都心線が行き交う都心部北側の要衝である。これは当時も変わらず、国鉄（現・ＪＲ）池袋駅に隣接する形で、東武鉄道池袋駅と西武鉄道池袋駅が、「都心の北玄関・池袋駅」というターミナルを構成していた。

しかし、昭和20年代当時は、駅舎やホームなど、施設もほぼ戦前のままであり、急増する旅客をさばくのにも、すでに限界が見えていた。そのために、各社局とも池袋駅構内の増改築を予定しており、自社局の駅下に地下鉄駅を置くことには、消極的にならざるを得なかったのである。

そのため、昭和26年（1951）に、営団地下鉄が丸ノ内線を建設し始めた際でも、まだ池袋駅の改築設計すらできておらず、営団はしかたなく、国鉄駅の直前、西武百貨店・本店付近の地下に全長77メートルの仮ホームを設置することとした。

その後、各社局における池袋駅増改築工事の目途がつき、営団地下鉄では昭和33年（1958）10月16日から、丸ノ内線池袋本駅建設と称して、国鉄線直下の場所に、島式1面2線ホーム（全長162メートル）の建設が始まった。

建設は、国鉄用地内を国鉄に、東武用地内を東武鉄道に工事委託し、約2年の工期を経て、現在の形に落ち着いた。これにより、丸ノ内線池袋駅が完成したわけである。したがって、あの仮ホームは、わずか6年間だけ使われた、丸ノ内線の遺構なのである。丸ノ内線の池袋駅に行く機会があったら、ぜひ観察してほしい。

●新線池袋駅

平成6年（1994）から平成20年（2008）までの約14年間、東京の地下駅には風変わりな名前の駅があった。それは、〝新線池袋駅〟である。

この〝新線池袋駅〟、慣れない利用者には、池袋駅と新線池袋駅の違いがわかりにくかった。

この駅は、当時の有楽町線の別線の池袋駅であり、終端駅でもあった。ラッシュ時でさえ発着本数は、1時間当たり5〜6本と、とても都心の駅とは思えない本数であった。

この「わかりにくい」駅は、じつは将来の開業路線を予定してのものであったのだ。有楽町線の池袋〜小竹向原間は、開業時に2層構造の複々線として建設し、〝新線池袋〟へ向かう路線上には当初停車駅を設けなかった。立場上は有楽町線の別線だが、本来の有楽町線の要町、千川の各駅には止まらず、池袋の次は小竹向原であった。開業時のパンフレットによると、新線池袋〜小竹向原をノンストップにすることによって、練馬まで11分で結び、池袋乗り換えよりも早く西武鉄道に乗れるようにしていたようだ。

平成20年（2008）6月に副都心線池袋〜渋谷間が開通すると、〝新線池袋駅〟は、新たに副都心線「池袋」駅として再スタートを切った。もともと〝新線池袋駅〟という名称は、正式な駅名ではなく、利用者に対して有楽町線の「池袋駅」との違いを表す、いわゆる案内上の通称だった。

現在、池袋〜小竹向原間は、副都心線が開業したことによって、今まで通過していた千川、要町にもホームを設け停車するようになり、この区間の利用者の利便性が向上している。

このように〝新線池袋駅〟は、開業から約14年間、利用者にとって不思議な存在であり続けたが、副都心線の開通によって、ついにその本来の役割を担うようになったのである。

乗り入れ事情

●千代田線

千代田線は、常磐線の綾瀬駅から霞ケ関駅や国会議事堂前駅などを経て、小田急線代々木上原駅までを結ぶ路線である。

また、さらに綾瀬駅の北側2・5キロ付近に、車両検修場である綾瀬検車区があるために出入庫線があり、開業後に北綾瀬支線として、一部旅客線化している。

列車は、東京メトロ、小田急、JR常磐線と相互直通運転を行なっており、最長運転区間は、東京メトロ車による唐木田（小田急多摩線）〜取手（JR常磐線）間の列車であるが、小田急車の綾瀬以遠への乗り入れと、JR車の小田急線内への乗り入れは、現在のところ行なわれていない。

ＪＲ常磐線に直通する千代田線6000系（K）

今ここで、「小田急車の綾瀬以遠」と書き、「小田急車の常磐線への」と書かなかったのには理由がある。綾瀬〜北千住間は、東京メトロの路線だが、ＪＲ常磐線としても扱われている非常に珍しい区間である。

したがって北千住駅では、千代田線とＪＲ常磐線（快速）のホーム間は、改札を通らずに乗り換えることができるのだ。また、綾瀬駅では駅名看板などに、東京メトロとＪＲ東日本のマークがそれぞれ表されている。

「ＪＲ常磐線としても扱われている」と記したが、この区間の乗車券※はＪＲ東日本では発売しないことになっている。運賃も特殊で、東京メトロの初乗り運賃の１７０円（ＩＣ１６５円）ではなくＪＲに合わせた１４０円（ＩＣ１３３円）と設定されている。

しかし、その珍しい存在の区間が、過去には大きな騒動に発展したことがある。それは、高度経済成長期のころ。当時常磐線などの幹線鉄道路線の混雑度は、「通勤地獄」と称されるほどに、激しい混雑だった。

そのため、当時の国鉄本社では「五方面作戦」と呼ばれる輸送量増強プロジェクトが組まれていた。そのなかで、常磐線の複々線化の一部に千代田線をあてがう方策が取られたのだ。つまり、上野からの既存の常磐線は、北千住までは各駅に止まり、北千住を出ると快速線として次の停車駅は松戸とした。

途中の綾瀬、亀有、金町は、千代田線に直通する緩行線となり、快速線にはホームがなかった。すなわち、綾瀬、亀有、金町の各駅は、上野方面からの快速列車などはすべて通過扱いで、千代田線からの各駅停車の列車しか停車しないという構造である。こうして千代田線と常磐緩行線との相互直通運転が開始されたのである。

しかし、この方策は旅客の動向を見誤っていた。北千住で乗り換えを強いられる綾瀬、亀有、金町の利用客からは、強い反対運動が起きてしまう。また当時の地下鉄運賃が、国鉄の運賃を上回るほど高かったのも、反対運動に拍車を掛けた。さらに、これら3駅の利用者が、一斉に北千住で乗り換えるために、ラッシュ時の北千住駅では、入場制限がかかるなどの大きな混乱が起こっていた。そして、当時の営団地下鉄がストライキを決行すると、綾瀬〜北千住間は、常磐線の一部でありながら、列車の運転ができなくなり、３駅の都心方面への利用者のほとんどは、いやがおうでも綾瀬〜我孫子間を運行する下り電車で松戸まで行き、上り快速電車に乗り換えなければならなかったのである。

これらのことを、当時の新聞は「迷惑乗り入れ」などと書き、叩かれたこともあったが、その後の国鉄や営団の対応などで改善されたものも多く、現在では、都内でも一級の重要路線として活況を呈しているのが、この千代田線である。

※ＪＲ東日本の旅客営業規則
（常磐線北千住・綾瀬間相互発着となる旅客の取扱い）
第16条の5
常磐線北千住・綾瀬間相互発着となる旅客に対しては、乗車券類の発売を行わないものとする。

●もうひとつの有楽町線

地下鉄有楽町線というと、昭和49年（１９７４）に開業した東京メトロの路線が思いあたるが、じつはもうひとつの「有楽町線」という名の地下鉄路線があるのをご存じだろうか。

それが、西武有楽町線である。この西武有楽町線は、西武池袋線と東京メトロ有楽町線とを接続するための連絡線としての責を担っている。

しかし連絡線とはいえ、その地下部分には途中駅も設定され、区間が2・6キロと短くはあるが、立派な地下鉄路線である。

そもそもこの短い区間は、都市交通審議会の答申で、8号線とされた現在の東京メトロ有楽町線の一部として盛り込まれている。ただし、この短い区間が開業し、連絡線としての機能を備えるまでには、長い時間を要した。

昭和58年（1983）10月に、当時の営団地下鉄・小竹向原〜新桜台間が部分開業している。この時点では、西武池袋線とは線路がつながっていないので、車両は営団車のみが往復する運行形態だった。また同じく、乗務員も自社線内は自社乗務員の鉄則通り、小竹向原〜新桜台間を往復乗務するだけであった。

なぜ、このような部分開業になってしまったのか。それは、池袋線との合流部分である練馬駅の高架化が難工事であったことと、周辺住民による反対運動があり、工期が著しく遅れていたからである。

結局、新桜台〜練馬間が単線で開通したのが、平成6年（1994）12月。その後、さらに長い工期を経て、複線での本格的な相互乗り入れは平成10年（１９９８）３月に実施されたので、この短い区間の本営業までには、じつに15年もの月日を費やしたことになるわけだ。

しかし、難産な路線だけあって、現在は有楽町線のみならず、その後開通した副都心線を介して、埼玉西部地区と横浜みなとみらい地区を結ぶ大動脈の重要区間として、短い路線ではあるが、存在感は大きい。ただ、存在感が大きい反面、西武池袋線や東京メトロ有楽町線など、直接関係する線区で大幅なダイヤ乱れなどが発生すると、全線（小竹向原〜練馬）で運転を見合わせるという大胆な措置が取られることでも有名である。

地下鉄の車両基地とは

●車庫や車両検査修繕施設、留置線など

鉄道を建設する際、線路や車両を作ることと同じように、備えなければならない設備がある。

それは、車両を収容する車庫。そして、検査や修理などのメンテナンスを行なう車両検査修繕施設である。これら双方をまとめて車両基地と呼ぶことが多いため、この項では、おもに車両基地と表現していく。

東京メトロ　検車区一覧

名　称	担当路線	配置系式	おもな作業
上野検車区	銀座線	01系・1000系	月検査・列車検査
上野検車区渋谷分室	銀座線	配置はなし	列車検査
中野検車区	丸ノ内線	02系	月検査・列車検査
中野検車区小石川分室	丸ノ内線	配置はなし	丸ノ内線の列車検査と車輪転削
千住検車区	日比谷線	03系	月検査・列車検査
千住検車区竹ノ塚分室	日比谷線	配置はなし	日比谷線の列車検査
深川検車区	東西線	05系・07系・15000系	月検査・列車検査
深川検車区行徳分室	東西線	配置はなし	列車検査
綾瀬検車区	千代田線	6000系・16000系・05系・5000系	月検査・列車検査
和光検車区	有楽町・副都心線	7000系・10000系	月検査・列車検査
和光検車区新木場分室	有楽町・副都心線	配置はなし	列車検査
鷺沼検車区	半蔵門線	8000系・08系	月検査・列車検査
王子検車区	南北線	9000系	月検査・列車検査

鉄道会社は基本的に、この車両基地を所有しており、車両を留置するのはもちろんのこと、メンテナンスなども行なっている。これは、地下鉄でも例外ではない。

この鉄道車両を収容、修繕する車両基地を建設するために、各社局は頭を悩ますことが多い。まず、高額な建設費用、そして鉄道車両を留置しておくだけの、大規模な用地の確保が必要となるからだ。

地下鉄の車両は、短い車両で16メートル、長い車両では21メートル強もある。さらに、1編成が4両から10両ほどで組成されている。組成された車両を大量に収容するため、車両を置くための留置線はもちろんのこと、メンテナンスを行なう修繕施設も必要だ。

広大なスペースが不可欠である車両基地だが、広さだけではなく高さも十分になくてはならない。大掛かりな検査の際には、車両と台車を切り離し、車両をクレーンで吊り上げる作業も行なわれるのだ。

これらの理由から、用地確保には莫大な費用がかかるわけだ。まして地下に、広さも高さも必須条件の車両基地を建設しようとしたら、技術的にも非常に高い能力が求められるうえ、建設費用が膨大になり過ぎてしまう。そのため、鉄道の車両基地は、地上に建設されることがほとんどであるが、例外的に地下に車両基地を設けた場所もある。

日本初の地下鉄である銀座線の車両基地は、上野駅から近い東上野4丁目付近に設けられた。開設時は地上に車両基地とメンテナンス工場があったが、銀座線の車両が増えてくると対応ができなくなったため、2層式に改良し、地上に検修設備を置き、地下を留置線として活用している。

この上野にある上野検車区は、2層式以外にも変わった設備を持っている。それは、公道を横切る踏切で、上野駅から車庫への分岐線へ進んだ電車は、地上に顔を出し、公道を踏切で越えて車両基地へ進入するのだ。地下鉄にある踏切はここが唯一の存在で、よくテレビなどでも紹介されることがある。

さらに、ここでは自動的に軌道側も遮断する珍しい方式が採用されている。銀座線は線路の脇に高圧電流の流れる架線を設置した第三軌条方式のため、線

東京メトロ　工場一覧

工場名	担当路線
中野	丸ノ内線・銀座線
深川	東西線
綾瀬	千代田線・有楽町線・副都心線・南北線
鷺沼	半蔵門線・日比谷線

地下鉄唯一の踏切がある上野検車区出入区線（K）

路内に人が進入すると感電の恐れがある。そのため、通常列車が通らないときは、フェンス式の遮断機で閉じられ、電車が通る際は、道路側の踏切の遮断桿が下りた後に、線路側のゲートが開き、遮断機が上昇する仕組みになっている。

東京メトロの南北線の王子検車区は、神谷堀公園の地下に建設されている。南北線は開業に合わせて車両基地の選定を迫られた。当初は、赤羽付近の旧東京兵器補給廠跡地の地下が候補に挙がり、基地まで連絡線を建設する計画だったが、住民の反対により中止となった。その後、十条駐屯地を候補地としたが、ここも住民の反対で中止となってしまった。そして最後の候補地となった現在の神谷堀公園地下が決定され、深さ53メートルもの巨大空間に車両基地が完成した。南北線の建設が遅れてしまった要因のひとつに、この車両基地が決まらなかったこともあった。

さて、東京メトロが地下に車両基地を設けた例は、代々木公園下の留置線を除くと、この2カ所となり、あとは地上に設けられている。しかし、東京都内をメインに走る路線では、簡単に広大な土地を手に入れるのは難しい。そこで、相互乗り入れとなる相方の沿線に車庫を設ける方法も行なわれた。

地下鉄日比谷線の車庫は、千住に設けられていた。しかし、編成両数の増加により、新たな車両基地の開設が必要になってしまった。そこで浮上したのが、乗り入れ先の東武鉄道にある西新井電車区で、ここを譲り受け竹ノ塚検車区として、日比谷線車両の一部を収容した。現在は、千住検車区竹ノ塚分室となり所属車両はない。

同じようなケースは、半蔵門線にも見られる。半蔵門線の鷺沼検車区は、元東急の車両基地だった場所で、半蔵門線沿線に車両基地を構えるのが難しいため、乗り入れ先の田園都市線沿線に基地を構えることとなった。通常は田園都市線と半蔵門線は一体となって運行が行なわれているので支障はないが、東急田園都市線内で事故などが起こると、車両の出入庫に影響をきたす場合がある。

ところで、車両を管理するには、車両基地以外に工場が必要となる。電車は8年に1度、車体

綾瀬検車区の検修庫（K）

全般について定期検査を行なう全般検査と、4年または走行60万キロごとに全般検査に準ずる主要部分の定期検査を行なう。どちらもかなり大掛かりな検査のため、通常の車両基地では賄えず、専門の工場での作業となる。

各路線の車両基地に工場部門を設置するのが理想だが、コスト面を考えると、ある程度集約するのが現実だ。そこで、銀座線と丸ノ内線は、中野検車区に併設する中野工場、千代田線と有楽町線、副都心線、南北線は綾瀬検車区に併設する綾瀬工場、東西線は深川検車区に併設する深川工場、半蔵門線と日比谷線は鷺沼検車区に併設する鷺沼工場で全般・重要部検査を実施している。

このほか、銀座線・丸ノ内線の車両の改良工事を専門に行なう中野工場小石川CR（Car Renewalの略）、千代田線、有楽町線、東西線など架空電車線方式の車両の改良を行なう綾瀬工場新木場ＣＲがある。

そのため、短絡線の項で述べたように、各路線を結ぶ線路が地下に敷設されているのだ。ここで面白いのは、日比谷線の車両で、以前は千住検車区に併設する千住工場で作業が行なわれていたが、鷺沼工場に集約されてしまったことだ。そのため、鷺沼工場へは、現在は乗り入れがなくなった中目黒からの東京急行電鉄東横線を経由し、目黒線〜大井町線〜田園都市線を通って鷺沼へ至るルートが使われている。

第3章 都営地下鉄

都営初の路線・浅草線

●都営地下鉄開業日

都営浅草線（当時は1号線）は、西馬込と押上を結ぶ路線で、東京都交通局が最初に建設した地下鉄である（路線の詳細に関しては、巻末の路線データ参照）。

この浅草線が開業したのは、昭和35年（1960）。東京都交通局初の地下鉄が、押上〜浅草橋間でいよいよ開業する運びとなり、11月30日の開業式、12月1日の始発からの運行開始を前に、地下鉄関係者一同、沿線住民なども期待に胸を膨らませていた。しかし、11月25日から行なわれた運輸省による監査で、駅施設の内装などについての18項目と、駅務員の教育などの10項目についての不備が指摘されてしまったため、営業の認可が下りず、手直しをしなくてはならなかった。急いで準備をするも12月4日の初電運行に間に合わず、なんとか同日午後に開業となった。

●京成が改軌

現在の東京の地下鉄では、当たり前に行なわれている相互直通運転だが、日本で初めて相互直

京成電鉄の改軌工事の様子。昭和34年（S）

通運転を開始したのがこの浅草線だった。押上から京成電鉄に乗り入れて、東中山まで運行されたことで、地下鉄と郊外鉄道とが一本の線路で結ばれた。

その後、昭和43年（1968）6月からは、泉岳寺で京浜急行電鉄（以下、京急）と接続し、さらに平成3年（1991）3月に北総開発鉄道（現・北総鉄道）、平成14年（2002）10月に芝山鉄道まで乗り入れを拡大している。

歴史的な乗り入れを実現させるためには、軌間の問題をクリアしなければならなかった。そもそも国内の鉄道の軌間は数種類あり、新幹線で使われている1435ミリやJRの在来線などで使われている1067ミリのほか都電などの路面電車では1372ミリなど、統一はされていない。当時浅草線と京急の軌間は1435ミリ、京成は1372ミリであった。軌間を変更するには、多額の費用と準備期間が必要である。さらに、工事の間は乗客に、不便を強いることになる。3社局の議論がまとまらないなか、当時鉄道を取り締まる監督官庁である運輸省が先導者となり、世界的な標準軌間である1435ミリへの統一を勧め、合意した。

これによって、京成電鉄はそれまで1372ミリであった軌間を、1435ミリに改軌する工事を行なうことになったのだ。昭和34年（1959）10月9日、京成千葉～京成幕張間からスタートした改軌工事は、12月1日までの54日間11工程（11工程目の日暮里～京成上野間は下り線を11A工程、上り線を11B工程としたので12工程）で行なわれた。

ひと口に「改軌工事」といっても、ただ軌間を広げることだけを考えればよいわけではなく、ダイヤの調整も必要となる。当然そこを走る電車もそのまま通常運転とはいかないので、大規模な工事であったと思われる。工事は幸いにも、電車の運転休止などの処置をとることなく順調に進み、予定より2日早い11月30日に、全線の改軌が完了した。

この滞りない工事は入念な準備に基づいており、8月には営業中の路線を使って実際に改軌を実施した。改軌の「練習」に使われた子会社の新京成電鉄は、敷設されたときは762ミリ、その後1067ミリ、1372ミリと改軌を重ねていた。いわば改軌の「先輩」だったわけだ。ともあれ、こうして工事が完了し、京成線沿線の利用者は都心へ便利にアクセスできるようになっ

京急線内を走る都営5300形（K）

た。

●京急との乗り入れ

押上から順次開業を重ね、大門まで達していた浅草線は、ついに昭和43年（1968）6月21日、泉岳寺まで到達し、泉岳寺～品川間も京浜急行により開通した。これにより、京急と相互直通運転を開始し、浅草線内で京急1000形の電車が走るようになった。

相互直通営業開始に際しては、6日前の6月15日から品川～大門間の線路を使って車両を浅草線内に回送し、押上～大門間で同形による、試運転と乗務員訓練を兼ねた営業運転を行なった。このように相互直通運転開始前に他社の車両が一足早く営業運転をする例は、最近では副都心線と東急東横線が直通する前によく見られた。事情を知らない乗客は、見慣れない車両がホームに入ってきたので、相当驚いたのではないだろうか。

なお、京急1000形の乗り入れ運用は6両編成で、乗り入れ開始から全線開業までの間、京成への乗り入れは行なわれず、押上での折り返し運転であった。そしてこの年の11月15日には、泉岳寺〜西馬込間も開業し、現在の浅草線の形になった。

●遠き車庫完成への道のり

鉄道を開業するには、当然車両を留置する車庫が必要である。しかし、車両を留置するとなると、それ相応の広さを確保しなければならないうえ、車両運用を効率的にするために、場所の選定も重要である。

近年では東京メトロのように、乗り入れ先の東武線や東急線内に設置するケースも見られるが、都営地下鉄でも、一時京成線内に車庫があった。

昭和35年(1960)に押上〜浅草橋間が開業した浅草線は、本格的な工場検修施設などを、当時未開業であった大門や西馬込に建設することを検討していたが、まだまだ先のことで、車庫などの施設を自線内に設けることはできなかった。そのため、相互直通運転をしている京成押上線の京成曳舟〜荒川(現在の八広)間に、向島検修区を開設したのだ。当時の車両28両が収容できる小規模な構造であったが、工場施設も併設されていた。検査等が重なった場合はスペースがないため、外注で京成などに委託していたようである。

その後、順次浅草線が延伸開業するにつれ、向島検修区だけでは収容が間に合わなくなった。そこで、昭和38年（１９６３）に、京成が車庫の拡張用地として京成高砂に用意していた土地を期限付きで借り受け、高砂検修区を開設した。自線内どころかさらに遠くなってしまったが、80両が収容できる車庫となった。

大門に施設を設ける計画が諸事情により中止となり、さらに、西馬込に工場検修施設を建設するのにも待ったがかかった。理由は、都営三田線（当時は６号線）が、三田付近から浅草線の計画部分を走り、浅草線は泉岳寺止まりで西馬込へは行かないという話が出てしまったためだ。

このままでは、用意した土地が６号線の一部になってしまうため、都交通局は都市交通審議会に計画見直しを懇願し、６号線は目黒方面へ延びる計画に変更された。そして、西馬込開業と同時期の昭和43年（１９６８）、馬込検車場が開設された。この開設により、高砂検修区が廃止となり京成に返還され、工場施設併設の向島検修区は、昭和44年（１９６９）に廃止となった。

浅草線の車庫は、じつに8年の月日を経て、ようやく完成した車庫なのである。

三田線の話

●都営地下鉄のなかで一番安く乗れる区間

東京の地下鉄の運賃で、特殊な取り扱いをする区間がある。都営地下鉄三田線の目黒〜白金高輪間と、東京メトロの綾瀬〜北千住間だ。

ここでは都営地下鉄三田線の特殊区間について、解説していこう。

三田線の目黒〜白金高輪間は、目黒・白金台・白金高輪の各駅を相互に発着する場合は、大人170円（IC165円）、小児90円（IC82円）で乗車できる。

都営地下鉄の初乗り運賃は、大人180円（IC174円）、小児90円（IC87円）なので、初乗り運賃よりも安い運賃で乗車できるというわけだ。

この特殊な区間の取り扱いには、以下のような理由がある。

目黒〜白金高輪間は、都営地下鉄三田線と東京メトロ南北線が線路施設を共用している。細かく言うと、この区間の設備に関しては、東京メトロが保有し営業も行なっている「第一種鉄道事業者」で、東京都がその設備を借りて営業を行なっている「第二種鉄道事業者」となっている。

したがってこの区間は、同じ線路上を、2つの事業者が使用していることになるので、三田線であり南北線でもあるのだ。こういった場合、この目黒～白金高輪間に関しては、運賃は安い方に統一することになっており、東京メトロの運賃が適用される。

また目黒・白金台～麻布十番以遠は東京メトロの運賃が、目黒・白金台～三田以遠は都営地下鉄の運賃が適用される。

●10-000形試作車

東京の地下鉄車両（他社からの乗り入れ車両を除く）で、初めて冷房装置を搭載したのは、都営地下鉄10-000形試作車である。

同車は新宿線の開通に向けて、昭和46年（1971）に日本車輌で試作車4両が製造された。しかし、この頃新宿線（10号線）はまだ開業前で走行ができないため、三田線（6号線）にて、試験投入が行なわれることになった。

まず、試験をするために、三田線の軌間に合わせた1067ミリの台車での落成となった。

10-000形試作車の車体の構成は、4両固定編成のオール電動車セミステンレス車体で、冷房装置、自動放送、一部車両に自動窓閉め機構、客室内にATO（自動列車運転装置）を仮設、ワ

新宿線の10－000形（K）

ンハンドル運転台などを装備していた。また、特筆すべき装備として、世界初の地図式車内案内表示装置を備え、新機能満載の設備であった。

三田線で試験と検討が繰り返され、その後、昭和53年（1978）の新宿線開業日前に、10‐000形試作車は量産化改造されることになり、新宿線の軌間1372ミリの台車へ交換のうえ、冷房装置をはじめ、各装置の撤去と先頭車の電装解除を行ない、中間に2両の量産車を組み込み車番変更を行なった。

そう、新宿線で旅客営業を開始する前に、なんと冷房装置が撤去され、非冷房車になってしまったのである。

昭和50年代前半の東京の地下鉄では、地下内の温度上昇などが問題視されており、トンネル内や駅構内を冷房化し、車両は窓から冷気を取り込む方法が計画されていたため、冷房装置は撤去されてしまった。

では、冷房装置のある小田急9000形や京浜急行1000形などの地下鉄乗り入れ車の冷房はどうしていたのか？　せっかくの冷房も、代々木上原などで「切」扱いにされ、乗客に窓の開閉の協力をお願いする車内放送が行なわれていたのである。そうした流れが変わったのは、昭和63年（1988）からで、車両冷房使用が開始され、都営地下鉄や営団地下鉄の新製車両が、冷房装置付きの車両へと進化することになった。これは、乗り入れ路線が増え、地下区間では冷房が切られることに対して乗客からの苦情が多く、さらに冷房装置から発せられる放熱も、新しい冷房装置では抑えられるようにもなったからだ。その後、今まで非冷房だった車両にも冷房が搭載されていき、夏の地下鉄でも涼しく快適になっていった。

10-000形試作車は、こうした状況のなかで再び冷房化されたわけだが、全国の鉄道においても、こうしたケースは極めて異例といえよう。

なお、新宿線開業後は、量産車と共通運用で使用され、のちに相互直通運転を開始した京王帝都電鉄（現・京王電鉄）でも走行していた。画期的だった都営新宿線10-000形試作車は残念ながら保存されることなく廃車、解体されてしまった。

新宿線の話

●都営初の急行運転

新宿線の話題で欠かせないのが、平成9年（1997）12月24日から開始した、都営初の急行運転である。

東京の地下鉄における快速や急行などの速達列車の運転は、東京メトロ東西線の快速に続き2例目（東西線は西船橋駅～東陽町駅間でのみ快速運転）である。しかし、東西線の快速運転は、地上区間が多く地下駅は南砂町だけなので、本格的な地下区間での速達列車としては、新宿線が初めてといっても過言ではないだろう。

急行運転開始当時は、新宿線内だけの運転で平日の日中のみ20分ヘッドで運行されていた。この時の新宿線の利用者が、JR中央・総武線や東京メトロ東西線と比較するとかなり少なかったため、急行運転の実施によって輸送力を強化し、利便性の向上を図ることで、旅客需要を高めるという策に出たのである。

新宿線は、終点の本八幡駅から千葉県営鉄道（後述）に乗り入れ、当時建設を予定していた千

急行運転開始のヘッドマークを付けた新宿線急行（K）

葉ニュータウンへ延伸する計画があったため、あらかじめ急行運転を想定して設けられた瑞江駅の待避設備と、岩本町駅の折り返し設備がある。これを利用して、各駅停車が待避するダイヤを組み、急行運転は行なわれた。

当初設定された停車駅は新宿・市ケ谷・神保町・馬喰横山・大島・船堀・本八幡で、森下には急行が停車しなかったが、平成12年（2000）12月12日の大江戸線全線開通に伴い停車駅に加えられた。急行列車は、都営地下鉄の他路線に接続しているすべての駅に停車するが、2駅以上の連続停車はない。つまり神保町は都営である三田線との乗り換え駅なので停車するが、隣の九段下駅は東京メトロとの乗り換え駅なので通過、といった具合だ。

翌年には、京王線を含めたダイヤ見直しなどを行ない、平成13年（２００１）３月27日から、橋本〜本八幡間で直通急行運転を開始し、土休日の日中にも運転を拡大した。なお、新宿線と京王相模原線系統との直通列車は、京王線快速＋新宿線普通の運用であったが、この改正からデータイムの新宿線と京王相模原線とを急行や快速列車などで、直通運転できるようにした。これが直通利用者から大好評となり、急行運転は、新宿線の看板列車となったのだ。

現在の新宿線の急行運転は、平日が10〜16時台、土休日が7〜18時台での運転を行なっている。土休日の高尾山口行き２本と大島発の３本を除いて本八幡〜笹塚間で運転している。かつては、橋本行きや多摩動物公園行き、京王多摩センター行きなど京王線内に直通する都営線内急行列車も設定されていたが、平成27年（２０１５）９月のダイヤ改正で、高尾山口行き以外は笹塚止まりとなってしまった。

なお、都営新宿線内を各駅で運行し、新宿から急行や快速となって、橋本、高尾山口方面へ向かう列車は、今でも多く運行されている。

都営10‐０００形は、長い間８両編成だったが、平成22年（２０１０）に、10両編成４本が登場し、都営車10両による運転も開始された。ただし、現在も都営車両の10両編成は少ないため、都営線内の急行は京王車両での運行本数のほうが多い。

●終点が千葉県

都営の地下鉄でありながら、千葉県に終点がある新宿線。なぜ、都外に駅を設けたのか。この項では、新宿線が異色の路線となった誕生背景を探ってみる。

新宿線が本八幡駅まで開業したのは平成元年（1989）3月19日。同時にこのとき、都営地下鉄の路線が初めて、千葉県に足を踏み入れた。しかも、篠崎〜本八幡の駅間距離は2・8キロもあり、都営地下鉄、東京メトロのなかでも最長である。

駅間の距離が長いので、本来ならば中間にもう1駅設けるべきところであるが、篠崎〜本八幡間は、江戸川をくぐる区間であることと、東京都が千葉県内に中間駅を設置するのを避けたため2駅間には駅がないといわれている。なお、この都県境をまたいで線路を敷設したことが原因で、新宿線の全線開業までの道のりは非常に大変なものとなった。

そもそもなぜ、終点を本八幡にすることにこだわったのか。それは、当時建設予定の千葉ニュータウンまで、千葉県が本八幡から鉄道を敷設する案があり、都営新宿線は、これに直通運転を行なう計画を立てていたためだ。

本八幡から先の建設は、千葉県営鉄道が行なうことになっていたが、昭和54年（1979）に北総開発鉄道（現・北総鉄道）が都内から浅草線と京成線を経由して千葉ニュータウンまで開通したため、事態は変わってしまった。千葉県営鉄道は、建設を躊躇するようになったのだ。

さらに、当時はオイルショックの影響で、ニュータウンの開発自体が当初の見込みとは大きく変わり、規模が縮小されてしまった。千葉県は地区の人口減や用地買収にかかる費用対効果を考え、県営鉄道の建設を断念してしまったのだ。

しかし、本八幡まで線路をつなげない限り、新宿線は東京の東端の江戸川手前にある篠崎駅までの盲腸線となり、国鉄総武線や京成線と連絡ができない中途半端な路線になってしまう。そのため東京都交通局は、千葉県や市川市に、本八幡に駅を建設するための協議を求めた。

これらの経緯により、行政の手続き関係などに時間を要し、新宿線の全線開業は大幅に遅れてしまったのだ。昭和61年（１９８６）の篠崎駅までの開業から、およそ3年、平成元年（１９８９）にようやく全線開業に至ったのだった。

なお、新宿線が本八幡駅まで運転したと同時に、都営の車両はすべて8両編成に統一され、京王相模原線への直通運転にも使用されるようになった。

大江戸線の話

●日本一深い地下鉄トンネルと駅

都営大江戸線には、地下鉄で日本一深いトンネルと駅が存在する。

その駅とは六本木駅で、深さはなんと地表面から42・3メートルもある。近年建設されたビルで例えると、1階分の高さが4・5メートルほどなので、六本木駅は、地下10階部分に位置する駅だといえる。

この数値は、六本木駅のA線（環状部方面・内回り　大門・両国・都庁前行き）のホームの深さであるが、B線（放射部方面・外回り　新宿・都庁前・光が丘行き）のホームも32・8メートルある。筆者も初めて六本木駅に降り立ったときは、その深さに驚いた記憶がある。長いエスカレーターを上りきり、改札かと思いきや、さらに2本のエスカレーターがあり、ようやく改札へ出るのだ。

ところで、なぜこんなに深い場所にトンネルを掘り、駅を設置しなければならなかったのか。

これは、大江戸線が比較的新しく開業した路線（平成12年〈2000〉全線開業）だからであ

地下鉄一深い駅の六本木（K）

る。後から建設する地下鉄は、既存の路線や地下施設、さらには道路、地下河川、各種ライフラインの地下埋設物などの下を掘り進むことになるため、新しくなればなるほど、どんどん深い場所に、改札口やホーム、駅を設けなくてはならない。とくに、複雑な路線網を持つ東京の地下で新規の路線となると、大変な深さになってしまう。

　現在、六本木駅がある外苑東通りは、幅員が20～25メートルと道路が狭く、地下には東京電力の青麻洞道《あおそとうどう》という重要な電力幹線が埋設されている。大江戸線の建設当時は、青麻洞道を移動する方法も検討されたが、東京都内に電力を供給する幹線ゆえに、移動に伴って建設工事や工期が長引くことは確実に免れない。そのため状況が変わり、現在の青麻洞道のさらに下部にトンネルを掘削することとなった。工事は開削工法に加え、世界で初めての4心円シールド工法で行なった。この工事が評価され、平成11年度土木技術賞が与えられた。

前述したさまざまな理由から、上下線を2層構造にするしか方法がなかったため、下を走る内回りのホームがより一層深くなり、42・3メートルとなったのだ。こうして、東京で一番深い地下鉄トンネルと深い駅が誕生した。当然のことながら、六本木駅には、上下ともにエレベーターが備えられている。

そして、大江戸線は既存の路線との交差が多いため、都営地下鉄の深いトンネル駅ベストテンのなかでも、8駅がランクインするほどの深さである。ちなみにその深い駅とは、1位が六本木駅（42・3メートル）、2位が東中野駅（38・8メートル）、3位が新宿駅（36・6メートル）、4位が中井駅（35・1メートル）、5位が中野坂上駅（33・4メートル）、6位が麻布十番駅（32・5メートル）、7位が飯田橋駅（32・1メートル）と、ここまでがすべて大江戸線の駅で、8位が三田線の白金高輪駅（28・7メートル）、9位がまた大江戸線で国立競技場駅（28・4メートル）、10位が三田線の白金台駅（27・2メートル）となっている。

なお、東京メトロのなかで一番深いトンネル駅は、千代田線の国会議事堂前駅で、ホームは地下6階（37・9メートル）にある。2番目が南北線後楽園駅（37・5メートル）、3番目が、半蔵門線の永田町駅（36・0メートル）だ（カッコ内の数値は、すべて地表からレール面までの距離）。

これら大江戸線の中井、東中野、中野坂上の各駅が、深い場所にトンネルを掘らなくてはならなかった理由の1つが、当時、山手通りの地下に建設中だった首都高速道路中央環状新宿線のトンネルがあったため、その下にトンネルを掘らなくてはならなかったからである。

なお、これだけ大規模な建設工事が行なわれた大江戸線だけに、その費用は莫大なものとなった。内訳は、建設資材や人件費、用地費、トンネルの大深度化や建設規模の大型化、高温多湿対策の同時施工、ほかにも、環境保全対策など公害防止のための最先端技術の導入などがある。これら費用の増加によって、建設費はどんどんふくらんでいった。

余談だが、大江戸線には、ほかにも地下鉄における日本一がある。総延長40・7キロ、駅数38駅という数値だ。いずれも地下鉄としては、日本一の数字である。

また、海抜を基準に見ると一番深い位置にあるのは千代田線の国会議事堂前である。

●「大江戸線」の由来

大江戸線の名前の由来は、とあるエピソードで話題になったため、本書でも紹介しよう。

大江戸線最初の開業は、平成3年（1991）、放射部と呼ばれる郊外部分の光が丘〜練馬間で

大江戸線の12－000形（K）

あった。現在で言えば、路線の端にあたる区間だ。平成9年（1997）には、練馬～新宿間が開業し、郊外から都心へと進む形で延伸した。そして同時に、都心を環状する形で、建設工事も進めていった。

大江戸線は、光が丘～新宿間の放射部が部分開業した時点では、路線の愛称などはとくに決めず、単に12号線という名で開業したが、メインとなる部分が徐々に開業し、いつまでも〝12号線〟では格好がつかないため、環状部が完成する前に、路線名の公募を実施した。

この公募は、都営地下鉄12号線・路線名称選考委員会によって行なわれた。その結果、応募総数は3万1497通で、「東京環状線」という名称が一番多かった。当時の12号線に、都心部をエンドレスに回る第2の山手線を思い描いていた人が、多くいたためだと思われる。ルートでは環状運転するように見えるが、都庁前で折り返しする「のの字」運転なのだ。

平成11年（1999）11月、正式名称が「東京環状線」、愛称は「ゆめもぐら」に決まりかけたが、当時の東京都知事である石原慎太郎の鶴の一声で、その選考は白紙に戻された。

石原慎太郎は、「実際には、山手線や大阪環状線のように環状運転をしていないのに、環状線では紛らわしくて利用者に誤解を与える」と意見し、「東京環状線」が却下され、再度選考のやり直しを行なった経緯がある。

最終的には同年、江戸の外郭部を回るという意味で「大江戸線」に決定したが、この名称が採用された理由としては、
①江戸時代に形成された歴史のある地域・まちを多く通過すること。
②「江戸」と呼ばれていた地域をほぼ包み込むような線形であること。
③21世紀という新しい時代を迎えるにあたって、「大江戸」という歴史的な言葉は、逆に新鮮さを感じさせるということ。
④「大」を冠づけることによって、地理・経済・文化の発展や広がりを表現できること。
などがある。ちなみに、この大江戸線の名称は、176通で20位であったという。

また余談だが、国立競技場～都庁前間の延伸開業は、平成12年（2000）12月12日で、12号線にちなんだ12並びの日にしているという。また、大江戸線の全線開通時には未開業であった汐留駅は、汐留駅周辺の再開発によるオフィスビル街などのオープンにあわせて、平成14年（2002）11月2日に開業した。

●大江戸線と浅草線はつながっている？

大江戸線の汐留駅と浅草線の新橋駅の間には、汐留連絡線（約0・4キロ）が平成18年（2006）4月に敷設されたのだ。路線図には載っていないこの線路。もちろんこの連絡線を通る営業列車はない。では何の目的で造られたのだろう。その秘密には、都営地下鉄に所属する電気機関車が関わっている。

東京都交通局は、地下鉄では唯一の存在である電気機関車E5000形を所有しており、都営浅草線の馬込車両基地に所属している。

E5000形は、平成17年（2005）にE5001号＋E5002号とE5003号＋E5004号の4両が製造された。車両の特徴は、片運転台構造の車体を2車体連結し、動軸が8つもあるH級の大型電気機関車である。機能面では、VVVFインバータ制御による190キロワットの交流誘導モーターを1車体に4基、2車体で8基も搭載している。

通常、機関車は貨車や客車を連結して列車の編成となり、営業路線で走行する。ほかには、保線用の車両を牽引したり入れ換え用としても活躍しているが、この機関車は違う役目があるのだ。

このE5000形の最大の使命は、大江戸線の車両を浅草線の馬込車両検修場まで輸送するための、牽引用機関車なのだ。大江戸線が全線開業する際、大江戸線車両の定期的なメンテナンスを行なう工場を設ける必要があったが、建設費用が高額なため、工場の計画を躊躇していた。そこへタイミングよく、移転改修工事を行なうことになった浅草線車両のメンテナンス工場・馬込車両検修場の存在が浮かび上がった。

馬込車両検修場は、もともと離れた場所にあった馬込検車場と馬込車両工場を組織統合して一体化した施設だ。

新しい工場は、検車場の敷地内に建てられた。浅草線の車両、そして新たに大江戸線車両の検査なども加えて効率的な整備を図ることになった。

ただし、この一体的な整備を可能とするには、馬込車両検修場に大江戸線の車両を運ばなくてはならない。

大江戸線と浅草線は、線路幅は同じ標準軌の1435ミリ、架線電圧も1500ボルトで同じだが、線路自体がつながっていない。さらに、車両の大きさが違うことや保安装置や列車無線の規格が違うことも問題だ。そして最も大きな問題は、大江戸線の電車が、磁力の作用によって走るリニアモーター駆動方式で運転しているため、通常の回転モーターによる駆動方式を採用している浅草線内を自走することは不可能なことである。そこで、専用の電気機関車Ｅ５０００形の登場だ。

では、どのようにして馬込車両検修場へ大江戸線の車両を入場させるのだろう。その手順を解説しよう。

まず、汐留の引上げ線で大江戸線の車両と連結をする。そして、浅草線内を走行して馬込車両検修所まで行くわけだ。馬込車両検修所へ入場した後は、車両の検査や修理が入念に行なわれ、無事に修繕が終わると、またＥ５０００形に牽引され、浅草線経由で大江戸線へと帰っていくのだ。

Ｅ５０００形は、総重量２１０トンもある大江戸線車両の１編成（12‐０００形）を、最高速度70キロ／時で牽引し走ることが可能だ。まさに、都営地下鉄になくてはならない存在なのである。

このＥ５０００形は大江戸線と浅草線、双方のイメージカラーである赤い塗色の車体が、目にとても鮮やかで個性的である。また、大江戸線内でも走行ができるように、浅草線の車両に比べて、車体が小ぶりに造られている。そして集電装置は、大江戸線用と浅草線用両方のパンタグラフを搭載、さらに連結器は、上下2段の切り替えが可能で、大江戸線の車両だけではなく、浅草線の車両も牽引できるのである。

大江戸線の車両を、地下鉄唯一の電気機関車E5000形が牽引する姿、ぜひとも拝みたいものだが、通常終電後の深夜帯に行なわれるため、残念ながら目にすることは、まずできない。見ることができるとすれば、東京都交通局が開催する都営地下鉄の一般公開イベント「都営フエスタ」での展示だ。同イベントは、馬込車両検修場で行なわれることがあるので、そのチャンスを逃さずに会いに行ってほしい。

路線名と路線カラー

●初めは番号だけだった路線名

現在の東京の地下鉄は、ごく当たり前のように路線名で呼ばれているが、営団地下鉄、都営地下鉄ともに、今の名前が付けられる前は、すべて都市計画○号線などと数字で呼ばれていた。例えば戦前に開業した地下鉄である銀座線には、路線名が付けられておらず、開業時は単に地下鉄線、その後は都市計画3号線や3号線と呼ばれていた。

この○号線とは、国土交通省の前身である運輸省の諮問《しもん》機関、都市交通審議会（現・運輸政策協議会）が、東京の鉄道を計画する際に策定し付けたものだ。さらに、東京メトロだけではなく、都営地下鉄との通し番号にもなっている。

そもそも路線名称の始まりは、戦後間もない頃で、昭和21年（1946）12月7日（戦災復興院告示第252号）に内閣総理大臣直属の行政機関・戦災復興院が「東京復興都市計画高速鉄道網」を告示したことだ（24ページ参照）。

この告示に基づき、営団になってからは、初めての新線である都市計画4号線（現在の丸ノ内線）を、昭和26年（1951）に着工した。このときの区間は、池袋～神田（のちの御茶ノ水）間である。

4号線は、すでに開業中の3号線（浅草～渋谷間）とは全く別の場所を走る路線のため、利用者にわかりやすい路線名を付けることにした。そして、昭和28年（1953）12月1日、建設中の4号線に「丸ノ内線」、既存の3号線に「銀座線」と名付けた。このとき東京の地下鉄路線に、初めて名前が付けられたのである。同時に営団内では、その後開業した「日比谷線」「東西線」「千代田線」まで、あらかじめ路線名を決めていた。

「有楽町線」では、初めて路線名称の公募を行なった。その結果得票数2位の「有楽町線」と5位の「有楽線」の合計が1位の「麹町線」を上回っていたので、「有楽町線」に決定した。さらに11号線での公募では、得票数首位の「半蔵門線」に決まった。その後開業した南北線では公募は行なわれなかったが、走行エリアを示している名前として、わかりやすい路線名となった。

東京都交通局も、1号線、6号線の路線名を使い続けていたが、10号線が開業するにあたり、新たに路線名を付けることにした。そして、昭和53年（1978）7月、1号線を浅草線、6号線を三田線、同年12月に開業する10号線を新宿線と命名したのだ。これら3つの路線名は、すべて公募によって決められた。

ところで、なぜ、わが国初の地下鉄である銀座線が3号線で、浅草線が1号線なのだろうか。

東京都（当時は東京府または東京市）は、戦前から地下鉄事業を一元管理することを願っており、地下高速鉄道の計画案をまとめて、運輸省に出願していた。

地下鉄の建設には莫大な資金や労力、時間が必要なため、営団地下鉄がすべての地下鉄建設を受け持つとなると、完成がどんどん遅れてしまう。そのため運輸省は、膨大な建設費の分担や工期の短縮を図るため、昭和33年（1958）3月1日に営団地下鉄が受け持っていた計画路線である1号線（馬込～押上間）の免許を東京都に譲渡させた。

以上の経緯の下、1号線の建設と運営を、東京都が担うことになったのだ。また、2号線が日比谷線なのは、先にも記した昭和21年（１９４６）の「東京復興都市計画高速鉄道網」による告示にて設定された計画ルートがもととなっているからだ。ちなみに、現在見られる東京都の地下鉄1号線から13号線までのすべてが整備計画として答申されたのは、昭和47年（１９７２）3月のことだった。

東京の地下鉄は、路線のルート変更などがたびたび行なわれ、○号線の番号が途中で変わっている路線もあるため、非常に複雑で理解に苦しむが、大都市東京らしいともいえる。

●路線カラーが赤だった三田線

路線名があれば路線カラーもある。鉄道路線のシンボルカラーは、とても大切な役割を持っている。鉄道に詳しくない人や子ども、外国人でも、路線カラーを見れば何線で、どこへ行く列車なのかが、すぐに判別できるからだ。

東京の地下鉄の路線カラーは、全部で13種類もあり、昭和45年（１９７０）7月、営団地下鉄と都営地下鉄双方で行なわれた協議の結果交わされた覚書に則って決定した。色は車両の塗色や帯色を基準として制定されてきた。

同年、すでに開業していた7路線は、営団地下鉄が銀座線、丸ノ内線、日比谷線、東西線、千代田線の5路線で、都営地下鉄は浅草線と三田線の2路線であった。

当時の協議の内容は、各路線で運転されていた車両の塗色を基本にして行なわれ、さらに当時計画中の路線も加えて検討し、利用者にわかりやすく識別しやすい色を採用した。

例えば銀座線はオレンジ、丸ノ内線は赤。日比谷線はステンレス車体で無塗装のため銀色になり、千代田線は車体帯色にあわせた緑色になった。

次に都営地下鉄の浅草線や三田線の路線カラーを見ていこう。当時の浅草線の車体の塗り分けは、上部がベージュで下部が赤、腰部には銀色の帯をまとっており、三田線は、ステンレスの車体に赤い帯を巻いていたため、当時の都営地下鉄のイメージはともに赤色であった。東京都としては、路線色を赤にしたかったに違いない。

しかし、両者で協議をした結果、赤色は丸ノ内線の路線カラーに決まった。そのため、浅草線はベージュと赤を混合させたローズ・ピンクカラーに、三田線は青となった。営団地下鉄東西線も青系だが、淡い水色に区別され、三田線は濃いブルーになった。これら路線カラーの制定によって、三田線で当時活躍していた6000形は、赤色の帯から青色の帯へと変更を余儀なくされてしまった。

現在、13種類ある東京を走る地下鉄の路線カラーだが、似たような色で間違いやすいのが、営団地下鉄の有楽町線のゴールドと副都心線のブラウンだ。しかも、有楽町線と副都心線は、車両がすべて共通仕様になっているため、どちらの路線も、同じカラーの車両が走っていることが、紛らわしさに拍車をかけている。

共通運用の車両は7000系と10000系で、車体の路線カラーは、副都心線のブラウンを主体に、有楽町線の路線カラーであるゴールドと、白色の細いラインを巻いている。

また、有楽町線を通しで走る7000系は、以前はゴールド帯の10両編成車のみであったが、平成22年（2010）5月までに、副都心線・有楽町線兼用車への統一が完了。ゴールド帯の7000系は消滅してしまったため、現在の有楽町線は、副都心線カラーの車両が運用されている。

以上の経緯によって、副都心線と有楽町線の路線カラーは、利用者にとってわかりにくく、実際乗り換えの際などに、迷っている人を見かけるほどだ。

また、乗り入れしている路線に関しては、他の鉄道会社の路線はカラーが異なるため、違う色のカラーの電車が入り交じって走っており、こちらも車体カラーだけではわかりにくくなっている。

いっぽうで、駅や列車の旅客（列車）案内表示装置などが発達し、わかりやすい表示により、列車種別や行先など、さまざまな情報が提供されている。

都営地下鉄の車両たち

●浅草線

昭和35年（1960）12月4日、都営地下鉄初の路線1号線の押上〜浅草橋間が開業した。そのとき投入されたのが5000形で、2両編成×8本の16両で運転が開始された。

車体は鋼製で18メートルの3扉とし、屋根上の通風機を廃止し、代わって屋根側面から通風を行なう二重屋根構造とした。前面スタイルは、中央に貫通扉を持ち上部に行先表示器を設置し、その左右には列車種別表示器と運行番号表示器を置いた。この前面スタイルはのちの都営車両にも受け継がれ、5300形登場まで都営地下鉄の標準的な顔だった。

開業当時から、京成電鉄との直通運転が行なわれたため、車体の寸法や機器配置、走行装置、保安装置などは、その後直通運転が予定されていた京浜急行を含めた三者によって決められた「直通車両統一規格」に沿うものだった。

そのため、M-Mの全電動車方式とし、車両番号も5001からの通し番号で、パンタグラフ付きが奇数、なしが偶数となっていた。路線の延長に伴い増備が進められ、3次車からは中間車を挟んだ4両編成が登場し、4両＋2両の6両編成や4両＋4両の8両編成での運転も行なわれた。京浜急行との直通運転が開始された昭和43年（1968）まで製造が行なわれ、総両数は152両となったが、冷房装置が搭載されなかったため、後継の5300形の登場で急速に置き換えが進み、平成7年（1995）7月8日の「さよなら列車」を最後に現役を退いた。

浅草線は、昭和43年（1968）に製造された5000形5次車以降、車両の増備は行なわれなかったが、昭和51年（1976）に輸送力増強用として、5000形6次車の製造が行なわれた。

5000形は誕生から16年以上が経過しており、他社ではすでにチョッパ制御車も登場し、新形式への移行も検討されたが、大幅なモデルチェンジに留め、6両編成2本が製造された。

車体は大幅なモデルチェンジによりセミステンレスとし、二重構造の屋根を一重構造とし、将来的に冷房装置を搭載するため、冷房準備工事が施された。そして、従来の5000形と区別するため、5200番台の車号が付けられた。

昭和63年（1988）～平成元年（1989）に2編成とも冷房化されたが、平成8年（1996）の8連化に際して、6両2編成を8両1編成に組み替えを行ない4両が廃車となった。

浅草線の5300形（K）

8両化後は、5300形とともに活躍したが、平成18年（2006）11月3日の「さよなら列車」をもって現役を退いた。

現在の浅草線の主力となる5300形は、平成3年（1991）に、輸送力増強と冷房がなく乗客から不評だった5000形置き換え用として誕生した。

車体はアルミ製とし、前面スタイルもこれまでの都営顔から一転して、大きな曲面ガラスを使用し、非常口を端に寄せた非対象デザインで、くの字形に傾斜をさせることでスピード感にもあふれており、全体的に丸いイメージとなっている。塗色も全体をアーバンホワイトで塗り、赤とダークブラウンの帯を窓下に配している。

制御装置も、主回路の素子にGTOサイリスタを使用したVVVFインバータ方式で、これまでのオール電動車方式から付随車を含む4M4T編成に変更され、主電動機は、出力160キロワット（1100ボルト）の三相かご形誘導電動機を搭載した。

運転台のマスコンはT形ワンハンドルを採用し、TIS（車両制御情報管理装置）の液晶モニターも設置されている。

室内も、下降式窓の採用や座席のバケット化のほか、握り棒や荷棚、連結面などを丸みのあるデザインとし、壁や扉の内側はトレンドシティ柄、床はピンクとベージュの2色、天井は白とし、全体に明るいイメージに仕上がっている。

屋根上には、集中式の冷房機を搭載し、浅草線の冷房化も促進された。

5300形の増備は毎年のように続けられ、平成10年（1998）に増備された、第7次車5327編成が現在のラストナンバーとなった。増備段階において仕様の変更も行なわれ、5次車の5315編成からは、前面スカートが大型の形状に変更されたほか、最終増備の7次車は、主電動機の出力が180キロワット（1100ボルト）に増強された。

●三田線

昭和43年（1968）12月27日、都営地下鉄2番目の路線6号線（現在の三田線）の巣鴨〜志村（現在の高島平）間が開業した。この路線に合わせて登場したのが6000形で、1次車の4両編成14本が投入された。

車体は、20メートル車のセミステンレス製で、アクセントとして窓下に赤い帯を巻いたスタイルだが、前面スタイルは浅草線の5000形を基本として、運転台を高運転台とし前照灯と尾灯が一体化された。

車両番号は、将来の8連化を考慮して、末尾が1～8に揃うように中間車は3～6を欠番とした。その後6両化に際しては、中間に欠番となった車号を投入している。

制御装置は電動カム軸式のTCE‐6で、主電動機の出力は100キロワット（340ボルト）で、補助電源装置に日本で初めてSIV（静止形インバータ）が採用された。

じつはこれらの規格は、当初乗り入れが予定されていた東武鉄道との取り決めによるものだった。三田線は東武東上線と東急池上線との相互直通運転が計画されていた。乗り入れ先の規格にそろえる必要があったため、三田線の規格は、軌間1067ミリ、電圧直流1500ボルト、車体長20メートル、最大編成両数8両、保安装置は地上信号方式に対応するT形ATSとされたのである。

だが、諸事情により東武東上線への乗り入れが実現しなかった。しかし、平成12年（2000）

三田線の6300形（K）

に、東急目蒲線（現・目黒線）との乗り入れが実現することとなり、ようやく乗り入れ相手が見つかったのだが、すでに6000形の乗り入れ対策では現状に合わず、ATC（自動列車制御装置）化やATO（自動列車運転装置）によるワンマン運転装置の改造には費用も要するため、車両を新造することとした。このため6000形は相互直通運転することなく引退となり、第2の人生を地方私鉄や海外に見出している。

この6000形に代わって登場したのが6300形で、新たに東急、営団との車両取り決めが交わされ、車体は20メートル、ATC方式、SR無線方式（空間波無線方式）、ATOによるワンマン運転と決まった。

編成は3M3Tの6両で、将来は8両化も考慮され、車両番号も末尾5・6を欠番としている。車体は軽量ステンレスで、ビードを極力減らす工法が用いられた。

前面スタイルは5300形と似たスタイルだが、こちらは直線的なイメージに仕上がっている。
平成5年（1993）から平成12年（2000）までに6両編成×37本が投入され、三田線から東急目黒線を経由して日吉まで運転が行なわれている。

●新宿線

新宿線の10‐000形は、京王電鉄との乗り入れを行なうため、地下鉄では唯一の1372ミリゲージ車両だ。開通7年前の昭和46年（1971）に試作車4両が登場し、三田線での試験が行なわれた。三田線とは軌間が異なるため、試験中は6000形と同じT‐6形台車で主電動機出力も同じ100キロワットだった。

この試験データをもとに量産車が昭和53年（1978）に登場した。車体は試作車、量産車ともにセミステンレス製で、前面形状は試作車が切妻だったが、量産車から3面折妻に変更した。

制御方式は、都営地下鉄では初めてのチョッパ制御で、素子は2500ボルト・400アンペアの逆導通形サイリスタを採用した。これは、地下鉄線内での高加速、高減速、乗り入れ先の京王線での高速運転に対応することが可能で、地下鉄線内では定格速度を44キロ／時とし、高加速・減速も浅草線や三田線と同じとしながら、京王線では均衡速度120キロ／時の性能を有し

京王8000系とすれ違う新宿線の10－000形（K）

ている。

量産１・２次車は６両編成で落成したが、３次車以降は８両編成で登場し、６両編成も８両化された。また、試作車も量産車と仕様を同じに改造し１次車と５次車を組み込んで８両編成で運用された。

10‐000形は、平成９年（1997）まで８次車にわたって製造された。製造年により仕様が変更され、３次車からは車体が軽量ステンレスに変化、４次車で冷房が搭載され、８次車からは前面のデザインを変更した。だが、８次車の10‐280編成を最後に、10‐300形に移行され、初期の車両のうち８両化で導入された中間車を10‐300R形に組み込んだほかは、１～３次車は廃車となった。

10‐000形に代わって登場したのが、10‐300形で、平成17年（2005）から平成18年（2006）

都営地下鉄10－000形。京王線八幡山～上北沢間（S）

にかけて、10-000形のセミステンレス車を置き換えるために10-300R形を含めて108両が新製された。

開発や製造コストを削減するため、JR東日本のE231系をベースとし、車体や走行機器も同じものを使用している部分が多い。制御機器もE231系500・800番台と同じ3レベルIGBT素子のVVVFインバータ装置を搭載しており、前面スタイルも、貫通扉を左に寄せたE231系800番台と類似している。

10-300R形は、先頭車のみ10-300形と同じ車両を新製し、中間車は10-000形の比較的新しい車両を改造して組成した編成で、性能は10-000形に合わせている。そのため、先頭車と中間車では車体形状が異なるためすぐに見分けがつくほか、側面の帯

都営地下鉄10－300形。大島車両検修場にて（S）

幅も異なっている。

平成22年（２０１０）には、10‐３００形８両編成×４本を10両化するため、中間車が製造されたほか、平成25年（２０１３）には10‐３００形３次車となる10両編成×３本が投入された、この３次車からは、ＪＲ東日本のＥ２３３系２０００番台をベースとしたため、車体側面の強度アップが図られている。前面形状もライトが下に下がり、全体的にブラックを強調したデザインへと変更されているほか、側面上部にラインカラーの黄緑帯が配されている。

平成27年（２０１５）には10‐３００形４次車が10両編成×３本登場し、10‐３００Ｒ形を含んだ編成の廃車が始められている。

●大江戸線

12-000形はリニアモーター方式の車両で、昭和61年（1986）に製造された試作車によって得られたさまざまなデータをもとに、平成3年（1991）に量産車が登場した。リニアモーターといっても、浮上する鉄道ではなく、軌道に沿ったリアクションプレートと車両のリニア誘導モーター間に磁界を発生させ、磁界の吸引、反発を利用して推進させる鉄輪式リニアモーターカーとなっている。

12-000形は、当初6両編成で登場したが、路線延長に伴い車両の増備が行なわれ、平成12年（2000）までに1~4次車が製造、最終的に8両編成×53本の陣容となった。

車体は、アルミ製でアイボリーを基調に塗装が行なわれ、浅草線の5300形と同じく前面形状は、くの字形に傾斜した丸みを帯びたスタイルとなっている。

トンネル断面が小さいため、車両も小ぶりで、車体長は16・5メートル、幅2・5メートル、高さ3・1メートルとなっている。ATO（自動列車運転装置）によるワンマン運転方式とし、全駅が島式ホームで常にホームが進行方向右側となるため、運転台は右側に設置されている。

製造年による違いは、3次車からは乗務員室の拡大による前面形状の変更と、VVVF制御装置の素子を変更したことである。車体も無塗装化され、前面にはレインボー色の帯がアクセントとして入れられた。なお、同時期に１〜２次車の８両化用に製造された中間車は、塗装されて編成に組み込まれた。

平成24年（２０１２）には、輸送力増強用に12－６００形２編成が登場した。形態的には12－０００形を引き継いでいるが、前面形状の傾斜がなくなり、ワインレッドの帯を配したデザインに変更された。平成27年（２０１５）にも８編成×２本が増備され、老朽化した12－０００形１・２次車の置き換えを行なう予定で、今後も４編成の増備が予定されている。

●電気機関車Ｅ５０００形

Ｅ５０００形は、大江戸線車両を浅草線の馬込車両検修場に運んで全般検査を行なう際、浅草線内の牽引用に開発された事業用電気機関車で、Ｅ５００１＋Ｅ５００２、Ｅ５００３＋Ｅ５００４と２両１組で使用される。地下鉄用の電気機関車としては国内初である。

車両の搬入と車庫（工場）

●車庫と検修場

先述の通り、鉄道は線路が開通すれば、車両を留置する車庫と、大掛かりな検査を行なう工場が必要となる。都営地下鉄の最初の開業は、浅草橋～押上間で、同時に京成電鉄との乗り入れも行なった。その際、車両基地として誕生したのが向島検修区だった。工場部門も併設していたが、最大収容両数は28両だった。

浅草線が東銀座まで開業すると車両数も増え、向島検修区だけではすべての検査が行なえないため、全般検査と重要部検査は向島検修区で、日常の月検査と列車検査は、京成電鉄の土地を借用して高砂検修区で行なわれた。

浅草線が全線開業すると、終点の西馬込に馬込検車場と馬込車両工場が新設され、それに伴い昭和43年（1968）11月に高砂検修区を、昭和44年（1969）6月に向島検修区を廃止した。

馬込検修場と馬込車両工場は少し離れた位置に建設され、それを結ぶ線路上には3カ所の踏切があった。東京メトロの上野検車区にある踏切以外にも、地下鉄の踏切は存在したが、平成13年

都営地下鉄の検修場一覧

名称	担当路線	配置形式	工場部門
馬込車両検修場	浅草線・大江戸線	5300形・E5000形	併設
志村車両検修場	三田線	6300形	併設
大島車両検修場	新宿線	10－000形・10－300形・10－300R	併設
木場車両検修場	大江戸線	12－000形・12－600形	
木場車両検修場高松車庫	大江戸線	配置はなし	

（2001）に、検修場内に新しい工場を建設したため、この踏切も廃止となった。なお、この新しい工場が建つ前の平成12年（2000）4月に、検修場と工場が組織統合して馬込車両検修場となっている。

現在、この馬込車両検修場では、浅草線車両の月検査、列車検査が行なわれ、工場部門では浅草線および大江戸線車両の全般検査、重要部検査が行なわれている。大江戸線車両の入出場には、地下鉄初の電気機関車E5000形が活躍する。

三田線は、開業以来西台駅に隣接する志村車両検修場が開設され、車両の検査から全般検査までを行なっている。この基地も、建設当時は検車場と工場に分かれていたが、平成12年（2000）の統合で、現在の名称に変わった。

志村車両検修場は建設当時から敷地面積が13万7000平方メートルもあり、最大で336両の車両が留置できるようになっている。この広大な基地内の留置線上部の空間を利用して、昭和47年（1972）には人工地盤を築いて高層住宅4棟を建設した。

新宿線も、昭和53年（1978）12月の岩本町～東大島間開業時に、大島車両検修場を開設した。この基地は、地下1階と地上1階の2層式となっており、1階部分は留置線と検査線、地下1階部分は、洗浄線や留置線と、工場機能の全般検査・重要部検査線、台車転送線などが設置されている。なお、周辺の環境配慮から1階部分は密封構造となっている。また、平成21年（2009）4月からは、全般検査、重要部検査は、京王重機整備に委託されている。

大江戸線は、平成3年（1991）12月10日に練馬～光が丘間が開業した。そのとき設けられたのが、光が丘駅近くの光が丘検修場（高松車庫）だった。車庫は地下1・2階の2層式で、全般検査や重要部検査も施工された。新宿まで開業する頃には、組織改正で光が丘車両検修場に名称を変更し、規模も拡大された。

しかし、全線開業時には、この車両基地では容量が不足するため、新たに門前仲町付近に木場車両検修場が造られることとなり、高松車庫と同じく地下2層式の車庫が平成12年（2000）に完成した。

木場車両検修場は、地下2階に洗浄線および留置線を有し、地下1階には留置線と月検査線、列車検査線が設けられている。この車庫の新設により、光が丘車両検修場は統合され、木場車両検修場高松車庫に変更された。

大江戸線車両の全般検査、重要部検査は、引き続き高松車庫で行なわれていたが、費用の問題や馬込車両工場の改良などもあったため、馬込車両工場に引き渡された。

●車両の搬入

「地下鉄の車両は、どこから入れるの？」、こんな漫才がひと昔前に流行った。通常の鉄道だと地上に車庫があるため、車両メーカーで落成した車両は、おもに機関車の牽引による甲種輸送などで運ばれ、ＪＲ線と接続する線路で引き渡される。

しかし、ＪＲ線と線路がつながっていない路線や、ＪＲ線の１０６７ミリゲージ以外の鉄道の場合、近くの貨物駅からトレーラーに載せて車庫まで輸送されることもある。その場合、ＪＲ線上は１０６７ミリの仮台車に履き替え、車庫で線路に載せる際に正規の台車を用意するわけだ。

都営地下鉄は、三田線以外は線路幅がＪＲとは異なっている。最初に開業した浅草線は１４３５ミリで、５０００形車両は国鉄の津田沼駅から京成電鉄の第２工場に運ばれ、向島検車区に回送された。

三田線も、国鉄線とつながっていないため、最初の車両は芝浦貨物駅から志村検車区にトレーラーで搬入された。

光が丘車両検修場に搬入される12－000形（S）

新宿線も、軌間1372ミリと異なるため、貨物駅から大島の車庫まで陸送となるが、大島車両検修場は、地上部分がシェルターで覆われ、その上部は大島小松川公園や運動場となっている。そのため、一角に地下の線路に向かって車両搬入口が掘られており、新造車はここからクレーンによって基地に降ろされる。搬入口は建物で覆われているので、一見わからない構造となっている。

同じく、地下にしか車庫がない大江戸線も、同様に搬入口が造られており、最初は高松車庫で、その後は木場車両検修場で、クレーンにより車両を地下へと搬入している。

「地下鉄の車両は、どこから入れるの？」の答えは、この搬入口にあったわけだ。

第4章
未成線と地下鉄のこれから

果たせなかった地下鉄の路線　東京メトロ

●東京メトロ（営団地下鉄）銀座線・浅草〜三ノ輪

昭和2年（1927）12月、銀座線は、東京地下鉄道（現・東京メトロ）によって浅草〜上野間が開業した後、順次延伸を重ねて新橋へ至った。

新橋〜渋谷間は、東京高速鉄道が開業し、昭和14年（1939）9月に両社が相互乗り入れを実施することで、浅草〜渋谷間を結んだ。

東京地下鉄道は、新橋から品川方面への開業を計画していた。昭和12年（1937）3月、東京地下鉄道・京浜電気鉄道・湘南電気鉄道（京浜、湘南ともに現・京浜急行電鉄）による合併会社、京浜地下鉄道が設立され、京浜電気鉄道へ乗り入れる準備が進められていたのだ。

さらに、元湘南電気鉄道デ1形には、第三軌条への対応がなされていたため、銀座線への都心乗り入れに対し積極的であったが、東京高速鉄道側の反発があり、結局は実現しなかった。

だが、その後の都営地下鉄浅草線の開業・延伸によって、昭和43年（1968）6月には、京浜急行と相互直通運転を開始し、新橋〜品川間がつながった。

そのため形は違えども、時を越え同区間は、やっと日の目を見ることになったわけだ。このほか、渋谷から二子玉川方面や、浅草から三ノ輪方面への延伸も計画されたが、昭和60年（１９８５）７月11日の運輸政策審議会答申第７号で三ノ輪延伸の取りやめが決定し、結局は現在の浅草〜渋谷間で落ち着いている。

渋谷〜二子玉川方面に関しては、昭和21年（１９４６）12月に、戦災復興院告示の「東京復興都市計画高速鉄道網」からそのルーツが見て取れる（24ページ参照）。それによると、銀座線（３号線）は、大橋〜渋谷〜新橋〜浅草を結ぶルートになっている。

この大橋〜渋谷間がさらに延伸する形で、昭和37年（１９６２）の都市交通審議会答申第６号では、二子玉川まで追加延伸されている。その内容は、渋谷から大山街道（現在の玉川通り）へ向かって延長するというものだ。建設は東急電鉄が行ない、銀座線はそこを相互直通運転する形で、昭和39年（１９６４）の東京オリンピックまでに完成させる予定だった。しかし、三軒茶屋から先の高架予定区間において、地元住民の激しい反対運動や道路拡張工事などがあり、建設は延び延びになってしまった。

その後、昭和43年（１９６８）の都市交通審議会答申第10号において、パンク寸前の銀座線を補完する計画で、半蔵門線（11号線）の計画を建議。そしてこのうち、渋谷〜二子玉川園（現・

二子玉川）間は東急電鉄が建設を行なった。東急新玉川線（現在の田園都市線渋谷〜二子玉川間）が、その役目を果たしているのはご存じの通りである。

いっぽう、渋谷から都心部分は営団地下鉄が建設を行ない、半蔵門線（現・渋谷〜押上間）として運行している。

なお、浅草〜三ノ輪方面へは、ルートは若干異なるものの、首都圏新都市鉄道・つくばエクスプレスが、その役割を担っているといえるであろう。

果たせなかった地下鉄の路線　都営地下鉄

●都営地下鉄　三田線
高島平〜大和町（東武東上線乗り入れ）、桐ヶ谷〜泉岳寺（東急池上線乗り入れ）

都営地下鉄三田線（6号線）の未成線は、昭和32年（１９５７）の建設省告示第８３５号東京都市計画高速鉄道網によって計画された。その内容は、現在の東京メトロ東西線（５号線）の一部として、大手町一丁目〜下板橋間を結ぶ予定であった。

その発展形が、まさに今日の都営三田線（6号線）であるわけだが、昭和37年（１９６２）の都市交通審議会答申第6号やその後の協議などで、最終的に当時、東急池上線に存在した桐ヶ谷駅（大崎広小路〜戸越銀座）〜埼玉県の大和町《やまとまち》駅（現在の和光市駅）間のルートに決定した。

志村（現在の高島平）〜大和町間は、東武東上線が接続線を経由する形で建設し、泉岳寺〜桐ヶ谷間は、東急池上線を経由して建設する計画であった。これに対して都営側は、両社の基準に基づいた6000形車両を製造し、相互直通運転の準備を整えていた。

都営6000形は、東武鉄道と東京急行電鉄の乗り入れ計画にあわせるため、軌間1067ミリの20メートル級車とし、都営地下鉄初のセミステンレス車両6両編成が製造された。さらに、将来の乗り入れを考慮して東武形ATS（自動列車停止装置）も搭載された。

ところが、昭和40年（1965）以降になって、東武鉄道、東京急行電鉄ともに「都営6号線との相互直通運転計画を白紙に戻したい」との申し入れをしてきたのだ。東武側の理由は、「和光市から板橋を経由して都心に入るルートだと、東上線ルートより大きく迂回する形になってしまい、さらに池袋を通らないことにより、東武百貨店の集客にも影響してしまう」というものであり、一方の東急側は、「半蔵門線（11号線）が緊急整備路線として完成を急ぐことになった。6号線への直通目的は、池上線を経由して入る田園都市線の輸送力増強が本来の目的で、新たに計画された半蔵門線（11号線）によりその計画が果たされるため」というものであった。

東京都交通局は当時、三田線（6号線）と浅草線（1号線）を共通規格にして、車両基地などの共用を考えていたが、東武鉄道と東急電鉄の強い要望を受け、両社の規格や基準に合わせて路線建設と車両の製造に入っていた。その直通運転計画が中止されてしまったので、これらの努力も無意味なものとなってしまった。

そして、三田線（6号線）は、昭和43年（1968）12月27日に巣鴨～志村間が開業。その後も順次延伸開業を行ない、昭和51年（1976）5月6日に西高島平～三田間が開業した。しかし、すでに相互直通運転の相手先を失っているため、単独での運転を余儀なくされた。

その後、三田線（6号線）に大きな転機が訪れたのは、昭和60年（1985）の運輸政策審議会答申第7号で、「6号線は三田駅から清正公前《せいしょうこうまえ》駅（現在の白金高輪）を経て目黒駅まで延伸し、営団地下鉄が建設する南北線（7号線）とともに、東急目蒲《めかま》線（現・東急目黒線）との相互直通運転を行なう」と答申された。

これにより都営は、目黒までの延伸計画を実施。平成12年（2000）9月26日に無事に三田～目黒間が開業し、現在に至っている。

三田線（6号線）は、「相互直通運転を予定していた会社から振られてしまう」というかなり異例な経験をした路線なのである。

●都営地下鉄新宿線　本八幡〜県営鉄道（千葉ニュータウン鉄道）

都営地下鉄新宿線（10号線）の延伸計画は、平成12年（２０００）１月の運輸政策審議会答申第18号において、千葉県市川市の本八幡駅から北総線と接続する千葉県鎌ケ谷市の新鎌ヶ谷駅を結ぶ路線として、位置づけられていた。

路線の運営は千葉県が行なう形で、「千葉県営鉄道・北千葉線」として本八幡〜市川大野〜新鎌ヶ谷を結ぶ形でルートを計画していたが、「公共事業の抜本的見直しに関する三党合意」における中止勧告を受けて、平成12年（２０００）12月に県営鉄道事業を廃止する旨を運輸大臣に提出している。答申から、じつにわずか1年足らずのできごとであった。

この理由は、すでに昭和48年（１９７３）10月に県営鉄道・北千葉線としての鉄道免許は取得していたが、その後千葉ニュータウン事業の遅延に伴い、県営鉄道の事業も一時中断していたため、実現の見込みが薄くなったからと考えられる。

しかし、翌年の平成13年（２００１）8月から第三セクターによる事業化を検討するために、「北千葉線促進検討委員会」を「東京10号線延伸新線促進検討委員会」に改称し、委託調査を続行した。

その後、平成22年度に同委員会が実施した「東京10号線延伸新線可能性基礎調査」で示されたおもな課題は、現時点では沿線人口の増加が期待できない、約1400億円もの巨額の事業費がかかる、事業採算性の見通しがたたない、やや並行している北総鉄道への利用客減少が懸念されている、また、当該事業に係る過去の用地取得時に交付された国庫補助金の早期返還を国から求められていること、などが挙げられた。

なお、事業計画のなかでは、北千葉線を経由し、都営新宿線と北総線との相互直通運転も検討されていたが、北総線側の線路の軌間を変更して建設しなければならないことなど、技術的な問題も多く発生したため、平成25年度限りで、「東京10号線延伸新線促進検討委員会」は解散し、本八幡〜新鎌ヶ谷の延伸の夢も未成線のままで終わってしまった。

東京メトロ（営団地下鉄）の未成線（計画線）

●有楽町線の分岐線「豊洲〜住吉」計画線

有楽町線（8号線）の分岐延伸線として、豊洲《とよす》駅から半蔵門線の住吉駅へ抜ける路線を計画中である。東京都が平成27年（2015）7月10日に発表した「広域交通ネットワーク計画について《交通政策審議会答申に向けた検討のまとめ》」において、東京８号線（豊洲〜住吉間）は、「整備について優先的に検討すべき路線」とされているため、個人的な見解として実現の可能性は高いと思われる。

そもそも有楽町線の豊洲、半蔵門線の住吉の両駅は、開業当初から両線の乗り入れに向けた形状でプラットホームが設置されていて、現在は留置線用や折り返し用として使用している状態だ。

豊洲〜住吉間の延伸計画は、江東区、墨田区、葛飾区、千葉県松戸市の３区１市からなる「地下鉄８・11号線促進連絡協議会」で合意形成がなされ、延伸に関するさまざまな調査が行なわれてきた。実現したときのメリットは、「南北移動の速達性の向上」「東京メトロ東西線の混雑緩和」「豊洲や臨海地区のアクセス向上」などが挙げられるが、このプロジェクトの促進に、今一番効果を期待できるのは、「平成32年（２０２０）の東京オリンピックでの整備の一環」であろう。まだ掘削工事も始まっていない現状で、同年の東京オリンピック効果を考えたのは、多少無理があるかもしれないが、その後の経済効果も期待して……ということも考えられなくもない。

東京メトロとしては、副都心線（13号線）の建設が、最後の新路線ということを公表しており、今回の有楽町線（８号線）の延伸計画は、免許申請時との環境変化を理由に、事業主になるのは難しく、国や「地下鉄８・11号線促進連絡協議会」としては、上下分離方式を前提とする事業提案を打ち出している。

東京メトロとしても、新線建設協力の可能性自体は否定していないので、完成後の運行は、東京メトロで行なわれる可能性が高い。なお、平成24年（2012）度に「地下鉄8・11号線促進連絡協議会」が出した建設計画案によると、起終点駅は豊洲と住吉で、間に中間駅が3駅整備される予定だ。そのひとつである東陽町駅では、東西線に乗り換えができる。

また、路線延長は約5・2キロ。概算建設費は約1260億円となっている。運行形態は、有楽町線（現在線）からの直通を考慮しており、豊洲～住吉間ピーク時8本（オフピーク4本）、住吉～市ケ谷間ピーク時（オフピーク時）ともに4本を考えているようだ。車両の編成両数は10両編成を予定している。

事業の実現へ向けて、利用者にとって利便性の高い都市交通を完成させるためにも、今後の協議や調整に期待したい。

●半蔵門線と有楽町線の延伸

先に記した有楽町線（8号線）の延伸開業が、豊洲～住吉～押上間で計画されているなか、さらなる延伸計画が存在するのをご存じだろうか。

江東区や墨田区、葛飾区、松戸市が連携して協議が行なわれている「地下鉄８・11号線促進連絡協議会」と同じように、この延伸計画では、埼玉県の草加市、越谷市、八潮《やしお》市、吉川市、松伏《まつぶし》町、千葉県の野田市、茨城県の下妻市、常総市、築西市、八千代市の関係11自治体で、「地下鉄８号線建設促進並びに誘致期成同盟会」が結成されている。

平成25・26年度の八潮～野田市間事業化検討調査では、八潮～ＪＲ武蔵野線レイクタウン付近を通り、東武野田線野田市への先行整備を目指している。さらに茨城県西南部方面への延伸を国や県に要望している。

一方、半蔵門線（11号線）は、現状で墨田区の押上までは開業しているが、これを京成線の葛飾区・四ツ木方面に延伸して、千葉県の松戸に至るというもの。また、現在の半蔵門線は、渋谷～押上間で全線開業としており、そこから先は、東武鉄道との相互直通運転を行なっている状況である。

しかし、押上駅の構造を見ると、２面４線で構成されており、中２線は折り返し用に使用されている。線路の終端は、右方向に下り勾配になっているため、将来的に松戸延伸を考えた形なのであろうと推測できる。

なお、平成26年（２０１４）10月２日に葛飾区、江東区、墨田区、松戸市が、東京都知事あてに「地下鉄8・11号線延伸実現に関する要望書」を提出している。地元では、現在も活発に地下鉄延伸を望んでいるようだ。

●メトロセブン・エイトライナー

平成12年（2000）1月の運輸政策審議会答申第18号において、「メトロセブンとエイトライナー」は、区部周辺部環状公共交通（仮称）構想として、今後整備について検討すべき路線に位置付けられた。

メトロセブンは、葛西臨海公園～葛西～一之江～東小岩～亀有～六町《ろくちょう》～西新井を経由し、赤羽に至る路線である。一方、エイトライナーは、赤羽～平和台～荻窪～二子玉川～田園調布～蒲田～羽田空港へと至る路線だ。メトロセブンはおもに環状7号線の地下、エイトライナーは環状8号線の地下を利用する路線として計画され、両線で全長73・4キロを結ぶ計画である。

東京の鉄道網は、おもに山手線を中心に放射状に路線が延びているが、江戸川、葛飾などの城東地区と、練馬区、杉並区などの城北・城西地区の交通に関しては、東西には延びているものの、南北を結ぶ交通手段が少ないのが課題である。

道路交通では、環状7号線と環状8号線の渋滞は緩和されつつあるが、バスなどの交通手段では、輸送力や速達性に限界がある。メトロセブン・エイトライナー計画の沿線自治体9区は、「区部周辺部環状公共交通都区連絡会」を設置しており、平成12年度から調査を開始している。

また、建設コスト削減の観点から「スマート・リニアメトロ」の導入を検討している。スマート・リニアメトロとは、都営大江戸線で採用されている「鉄輪式リニア」の車両（1両約16メートル）よりもさらに短い1両12メートルと、東京都交通局の路面電車（都電）並みに小ぶりな車両を使用する。車両が短い分、より急なカーブを走行できるため、線形をコンパクトにできて用地費が削減できる。車両断面も小さくなるので、トンネル建設費の大幅な削減も可能となる。

現在、城東地区の南北を結ぶ鉄道路線は存在せず、主な公共交通手段としては京成バスの江戸川営業所が運行している環七シャトルバス（愛称：シャトル☆セブン）があるのみ。同バスは東京ディズニーリゾート（R）から葛西臨海公園駅に向かい、同駅からは環状7号線を北上して一之江、小岩、亀有駅、へと至る急行バスで、平成21年（2009）から本格運行されている。

計画線に関しては、どれも例外なく費用に関する問題が重要視されているが、既存の公共交通ではカバーしきれない地域においては、採算性ばかりにとらわれるのではなく、交通サービスの向上を目指してほしい。

現在の乗り入れについて

この節では、営団地下鉄と都営地下鉄が、相互直通運転を実施している事業者との間で取り交わした覚書について記していきたい。ただし、この内容については別の章でも触れているので、本節ではおもに車両に関する取り決めについて取り上げていく。

●営団地下鉄の乗り入れについて

まず、営団地下鉄の日比谷線と千代田線を見ていくと、一貫して営団地下鉄と乗り入れ相手の鉄道会社が、互いの環境にあわせて車両を開発していることがわかる。

日比谷線と東武鉄道との相互直通運転開始時には、営団地下鉄が開発した3000系と東武鉄道が開発した2000系のオール電動車が運用に就いていた。『東京地下鉄道日比谷線建設史』のなかにある日比谷線と東武伊勢崎線の「2号線車両規格」の表を見ると、車両の編成について「2両単位で、最大6両編成とし、分割、併合は一応施行しない。各社の車両相互の連結は非常の場合以外は行なわない」と定めていることや、運転室の構造、各標識灯の位置、連結器の種類なども、この取り交わしによって決められた。

この取り決めでは、相互運転で相手側の車両に乗務した際（東武の車両に営団の乗務員。またはその逆）の運転操作や、異常時の機器の取り扱いなどに違いがあってはトラブルの原因になってしまうため、最低限の共通化が図られている。

主電動機の出力の項目では、日比谷線の線路特性に基づく同線ならではの記述がある。東武鉄道との車両共通規格について「39パーミルで426メートル連続上り勾配（半径160メートルの曲線付近）において乗車人員180パーセントのとき主電動機半減で再起動可能のこと。」と書かれている。これは、三ノ輪～南千住間において、地下から地上高架駅に向かうときの上り勾配を想定したものと考えられる。

千代田線に関しては、国鉄（現・JR東日本）常磐線と同一の保安装置（車内信号付きATC）が使用されているため、新たな保安装置を搭載する必要はなかった。しかし、小田急線との直通運転では、小田急は営団地下鉄とは異なる保安装置（OM型ATS）を使用しており、列車無線も営団は誘導無線装置、小田急は空間波無線装置を搭載していた。そのため、営団地下鉄の相直用車両6000系と小田急の相直用車両9000系には、互いの保安装置と無線装置を搭載した。

また、『東京地下鉄道千代田線建設史』の第5章相互直通運転関係の契約については、「統一を要する運転室取扱機器」の表に、主幹制御器やブレーキ弁、笛弁ペダルなどの取付位置や、主ハンドルの刻み角度やスイッチ類の名称、ツマミの塗色まで詳しく取り決めがされており、上記のことを共通基準として、車両の設計や改造が行なわれている。

また、国鉄との間でも、小田急と同様に覚書が交わされている。「国鉄常磐線及び営団千代田線直通車両規格仕様」によると、営団地下鉄と国鉄が相互直通運転を開始した当初、営団地下鉄がサイリスタチョッパ制御の6000系を、国鉄は当時の通勤型車両の標準形式であった103系の地下鉄仕様車を投入した。ところが、103系は車両の寸法や構造などでは営団地下鉄車両との共通基準を満たしていたが、性能面で大きな違いがあった。

例えば、営団地下鉄車両の起動加速度は3・3キロ/時/秒が標準規格であり、6000系は6M4Tの編成でこれをクリアしていたが、103系は同じ編成でこれをクリアすることができず、電動車の比率を高めた8M2Tの編成が組まれていた。

また、サイリスタチョッパ制御の6000系は回生ブレーキが使用できるため、103系に比べて電力消費量が格段に低かった。常磐線内を走行する際も消費電力が少ないため、国鉄から歓迎されたという。一方、直列抵抗制御の103系が営団地下鉄線内を走行する際は、6000系より遥かに多くの電力を消費することになる。

「国鉄常磐線と営団千代田線との相互直通運転契約書」（昭和46年４月16日付）の第12条には、「国鉄または営団は、それぞれ相手線所属車両の自社線内運転に対し、次の単価によって計算した車両使用料金を支払うものとする。１列車１粁につき５４０円」とある。しかし、６０００系を使用することで国鉄の電力使用量は抑えられ、逆に１０３系を使用することで営団地下鉄の電力使用量は増えるという結果になっている。

●都営地下鉄の乗り入れについて

次に、都営地下鉄が取り交わした覚書を紹介しよう。

都営地下鉄１号線（のちの浅草線）は、昭和35年（１９６０）12月の押上～浅草橋間開業と同時に、我が国で初めての相互直通運転を京成電鉄との間で開始している。さらには京浜急行電鉄との相互直通運転もすでに計画されていた。

相互直通運転開始に向けて、昭和38年（１９６３）11月に東京都交通局と京成電鉄が京浜急行電鉄と取り交わした「１号線直通車両規格に関する確認書」は、次の５つの事項を柱としていた。

①この規格は、東京都地下鉄１号線に直通運転する車両（以下直通車両という）に対して適用する。

②直通車両の製作、改造などにあたっては、この規格による。
③この規格の改廃を要するときまたは疑義を生じたとき、ならびに必要ある場合には、その都度三者会議で決定する。
④直通車両を製造する場合、当該者は他の2社の設計概要、設計図面を提出することとする。
⑤「直通運輸に関する契約書」にもとづく、直通車両についての協定は、都、京成、京浜の3社間において別途締結するものとする。

そして、昭和43年（1968）6月、大門〜泉岳寺間の開業にあわせて都営浅草線と京浜急行線との相互直通運転が開始された。

車両構造については、「A—A様式」という基準で製造されている。現在の地下鉄車両は、すべてが「A—A基準」により製造されているため、「A—A様式」と「A—A基準」の違いを若干記しておこう。「A—A様式」は、運輸省が昭和32年（1957）12月18日付で、地下鉄車両の火災事故対策に対応した通達である。（58〜61ページ参照）

当時の地下鉄車両のほとんどが、この省令に基づいて製造されたため、都営地下鉄を走る京成や京急の車両にも適用されている。また、正面の急行表示の取り付け方法などは、京成や京急の種別都合に応じたルールで統一されており、当時の5000形（都営）、3000形（京成）、1

000形（京急）の姿を思い出してみると、取り決めに忠実なデザインであったことがわかる。また、３事業者の各車両が相互直通運転区間のどの地点で故障等を起こしても素早く対応できるよう、床下機器の配置場所も統一されている。

これからの東京メトロ

●日比谷線は20メートル車化７両編成へ

平成25年（２０１３）３月16日、東京メトロ副都心線が東急東横線と相互直通運転を開始した。これにより、横浜高速鉄道みなとみらい線、東武東上線、西武有楽町・池袋線を含む５線の直通運転が可能になり、東京副都心を経由して埼玉県の飯能《はんのう》・川越方面と神奈川県の横浜方面を結ぶ新たな鉄道ネットワークが誕生して大きな話題となった。

このビッグニュースの陰で、東京メトロ日比谷線はその前日、昭和39年（１９６４）８月以来、約半世紀にわたって続けてきた東急東横線との相互直通運転に終止符を打った。現在は、東武伊勢崎線（東武スカイツリーライン）との相互直通運転のみを行なっている。

前述の通り、日比谷線の路線には半径２００メートル以下の急カーブが数箇所存在する。鉄道の建設基準では、最急でも300メートルまでが推奨されているので、この数値は、特認クラスの急曲線である。

そのため、車両も開通当初から、営団地下鉄、東武鉄道、東急電鉄とともに、日比谷線用に18メートル車を開発し、運転していた。なお、東急東横線との相互直通運転が廃止された現在は、東京メトロ03系と東武鉄道20000系のみが中目黒～南栗橋間を快走している。

ところで、この03系と20000系だが、ともに昭和63年（1988）に日比谷線初の冷房車として登場しており、車歴は27年に及ぶため、そろそろ退役の時期を迎えようとしている。次期新型車は、平成28年度から順次、東京メトロは13000系、東武鉄道は70000系と称する兄弟車をデビューさせる予定である。

これまで東京メトロと東武鉄道が運用していた相互直通運転用の車両は、性能や仕様、デザインなどが異なり、製造メーカーも別々だった。しかし、13000系と70000系は同一メーカーが製造し、機器や設備等の仕様の共通化が図られる。現在は3扉車と5扉車が混在した8両編成と、3扉車のみ8両編成の列車が運転されているが、4扉20メートル車の7両編成で統一される。単純計算で、列車当たりの長さは現行の18メートル車8両編成に比べて4メートル短いが、乗車定員はほぼ同じだ。大きく異なる点は、先頭部のデザインとカラーリングぐらいであろう。

また、扉の幅と位置を統一することで、日比谷線にホームドアの設置が可能になる。さらに東武鉄道側でも、日比谷線に乗り入れない車両を含め、普通列車は4扉の20メートル車で統一されるので、東武伊勢崎線でも普通列車の専用ホームにはホームドアの設置が可能になる。このように相互直通運転用車両の仕様統一は、東京メトロ日比谷線と東武伊勢崎線の安全・安定輸送の向上に大きく寄与することが期待される。

ところで、これまで18メートル車のみが運用されていた日比谷線に、20メートル車を走らせることができるのだろうか？　と、疑問をお持ちの方も多いと思う。筆者は日比谷線をよく使うので、その辺りを観察してみた。その感想としては、恐らく側壁等に設置された標識やケーブルなどを、軌道横の車両限界と建築限界の狭間にまとめて移設すれば、20メートル車であっても、各々の限界を侵すことはないのではないか、と思われた。

いずれにしても東京メトロが、トンネルなどを新たに拡幅することなく、20メートル車への置き換えを発表したのは、そういった方策をすでに固めているからであろう。これからの東京メトロ日比谷線・東武鉄道伊勢崎線は、とくに注目すべき路線だといえる。

●千代田線の3社直通運転と北綾瀬支線の10両編成化

現在、東京メトロ千代田線は、小田急電鉄小田原線・多摩線、JR東日本の常磐（緩行）線と相互乗り入れを行なっている。そのため、列車は最長で小田急多摩線唐木田駅〜JR常磐線取手駅間80・2キロを走るわけだが、3社直通運転車両は東京メトロ車に限定されている。

乗り入れ事情の項で触れた通り、小田急車の運用は綾瀬まで、JR車の運用は代々木上原までである。つまり、小田急車はJR東日本の線路を、JR車は小田急の線路を走ることはない。これは、車両の構造や運用など、各社間で統一できない事案があったためである。

しかし、近い将来、本格的な3線直通運転が予定されている。現在、JR東日本は千代田線乗り入れ車両としてE233系2000番台と209系1000番台を使用している。このうちE233系はJR東日本の最新型の通勤電車だ。

一方、小田急の千代田線乗り入れ車両は4000形と特急用60000形（MSE）。4000形はほかの小田急車とは一味違うデザインの車両で、千代田線乗り入れのためか、前照灯を腰部に配置している。じつはこの4000形とJR東日本のE233系とは、構体や機器類がほぼ共通である兄弟車なのだ。そしてこの2系式と従来の東京メトロ車によって、3線を相互直通する運行形態の実現に向けた準備がすでに始まっている。

現状では、日程の発表はまだ出されていないが、小田急線の複々線化工事（代々木上原～登戸間）が完了する平成29年度中を見込んでいる。もっとも、その前に乗務員のハンドル訓練などを兼ねて、小田急4000形の常磐線乗り入れ、JR東日本E233系2000番台の小田急線乗り入れ試運転が頻繁に行なわれる可能性は高く、すでに両社はそれぞれの車両を借り受け、自社線内で車両の性能確認等を行なう試運転を実施している。

また、小田急としては、常磐線沿線の住民に自社沿線の観光地である箱根エリアや湘南エリアに訪れてもらいたいという考えもあると思われるので、将来に向けて小田急自慢のロマンスカー車両である60000形（MSE）の乗り入れも検討しているかもしれない。常磐線沿線の人たちが乗り換えなしで、箱根の温泉や湘南の海を楽しめるようになれば、利用者が増えることはほぼ間違いないだろう。

また、千代田線では利便性向上を図るもうひとつの計画が進んでいる。同線は、綾瀬～代々木上原間の本線のほか、綾瀬駅と北綾瀬駅を結ぶ支線（北綾瀬支線2・1キロ）を有している。もとは綾瀬検車区の出入庫線であったが、宅地化・市街化が進む沿線地域の要請に応え、検車区の手前に北綾瀬駅を設置し、昭和54年（1979）12月に開業した。現在は3両編成の列車が平日

常磐線で試運転をする小田急4000形（K）

1時間当たり6往復程度の運転を行なっているが、本線に直通する列車は設定されていない。これは北綾瀬駅のホームが短く、本線で運用されている10両編成の列車に対応できないことがおもな理由である。

そこで東京メトロは平成26年（2014）2月、北綾瀬駅のホームを約135メートル延伸し、本線への直通運転を実施する計画を発表した。あわせて駅にはエレベーターを備えて2カ所の改札口を新設し、駅の利便性向上とバリアフリー化も図る。

日中は、多くの列車が現在の通りに3両で走るそうだが、ラッシュ時に10両化することで、綾瀬駅での乗り換えの煩わしさを解消できる。さらに、綾瀬駅の構造上、支線列車からの旅客が、本線列車の後部車両に滞留し、遅延が発生してしまうという問題も防げる。

比較的歴史の長い千代田線だが、こうした需要に見合った大きな施策を速やかに行なえるのは、さすが大都市の地下鉄を運営している東京メトロならではといえよう。

これからの都営地下鉄

世界有数の大都市である東京の鉄道は、都市構造や社会構造、ビジネス環境、また鉄道および他交通機関との競争環境の影響を受けながら運行されている。これらの構造や環境が少しでも変化すると、旅客の動向が大きく変わってしまうことが多い。とくにわずかながらも右肩上がりの成長を続けている東京の地下鉄事業者は、その変化に敏感に対応しなければならない。一歩間違えば、一日900万人以上といわれる利用者によって、駅はオーバーフローしてしまい、利便性の低下のみならず、安全性や定時性までも損なわれかねないからだ。

現時点で一番新しい都営地下鉄の路線は、大江戸線である。一番新しいといっても、最初の区間開業が平成3年（1991）、全線開業が平成12年（2000）なので、相応の月日が経っているものの、路線ルートや駅の設備、案内サイン等が充実している。

現在、東京都交通局は浅草線、三田線、新宿線と大江戸線の4路線を有しているが、利用者数では大江戸線が群を抜いている。その大江戸線の勝どき駅が、早くも大規模な改良工事に入っている。

勝どき駅は、島式ホームを地下2階に持ち、その上にコンコースが設置されている。開業当時、駅周辺は倉庫や工場の跡地が多くを占めていたが、平成13年（２００１）を過ぎた頃から開発が本格的に進み、高層のマンションやオフィスビル、住居・オフィスと商業施設を備えた複合ビルなどが建ち始めた。そのため、勝どき駅の利用者数は開業2～3年で想定の約2倍、さらに8年で約3倍以上に拡大。連日異常な混雑をきたし、警備員の配置や通行規制を実施したものの、その効果は限定的なものであった。

そこで東京都交通局は、平成26年度から勝どき駅の改良工事に取り掛かったのである。

現在の島式ホームの南側にホームを1本設置して2面2線の構造とし、内回り（両国・飯田橋方面）と外回り（大門・六本木方面）の列車ホームを分離する。あわせて上層のコンコースも拡幅する。このコンコースは、同駅の上部空間で計画されている晴海通りのアンダーパス化に伴うトンネル工事を踏まえ、現在は南北で分断されているが、この改良工事にあわせて一体化される予定だ。

また、ホームやコンコース、通路等の空間設計については、平成32年（２０２０）東京オリンピック・パラリンピックの開催決定を受けて現実味を帯びてきた東京臨海新交通臨海線（ゆりかもめ）の勝どき延伸時の旅客動向も考慮しているという。勝どき駅の増設ホームの供用開始は、平成26年（２０１４）11月の東京都交通局のプレスリリースによれば、平成30年度中を予定している。

また、大江戸線については延伸構想がかねてより検討されている。とくに実現の可能性が高いのは光が丘から練馬区の大泉学園付近までの区間で、平成12年（２０００）の運輸政策審議会答申第18号で「２０１５年までに整備着手することが適当である路線」と位置づけられている。これは、都心部と郊外を結ぶ鉄道路線をさらに整備し、利便性の向上を図るという目的があるからで、大江戸線のほかに、東京臨海高速鉄道臨海副都心線やみなとみらい21線等の整備についても言及されている。

さらに大泉学園付近から先、埼玉県の新座市、東京都の清瀬市等を経由して埼玉県所沢市にあるＪＲ武蔵野線東所沢駅まで延伸させるという運動も沿線自治体を中心に起きている。同答申においても、大泉学園町～武蔵野線方面間を「今後整備について検討すべき路線」と位置づけている。

しかし、この大江戸線の東所沢駅までの延伸については、いささか否定せざるを得ない。というのも、この延伸区間に並行して東武東上線と西武池袋線が走っているからである。何につけ、ほかと競合させるということは、競合させられるもの同士にとっても、お互いに磨きを掛けることができ、利用者も良いほうを選択できる。反面、とくに鉄道などの公共交通機関は、もともとの収益率がそれほど高くなく、さらにこの区間にあっては、先の東上線と池袋線が走っているので、東所沢に大江戸線が接続すれば、東上線と池袋線の輸送形態に影響を及ぼし、さらには利用者にとって、運賃やダイヤ上のデメリットが発生することも予想できる。

鉄道のネットワークを充実させることは大切だが、過剰な（新路線の）線引きは禁物である。ある地域だけの利便を考えるのではなく、あくまでもネットワークとしての需給状況を考慮して判断すべき問題であろう。

もうひとつ、都営地下鉄では駅の利便性向上に向けたプロジェクトが進んでいる。日比谷駅と神保町駅では、エレベーターとエスカレーターを増設し、構内の遊休スペースを利用して商業施設等を設置する工事が行なわれている。

現在の駅構内のスペースを精査し、いわゆる「駅ナカ」商業施設を展開して利用者にとって明るく便利で魅力的な駅空間の提供を目指す考えだ。また、事業者側にとっては、遊休スペースの有効活用で出店者から賃貸料を得るなど、鉄道事業以外の収入源を確保し、少子高齢化時代の経営基盤の安定化を目指す施策である。このような取り組みは、すでにＪＲや東京メトロおよび大手私鉄各社でも実施されており、大きな成果を上げている。

ここまでに記したように、外的な要因等で利用客は数倍にふくれ上がることもあれば、その逆も起こり得る。このような状況に対して、事業者側は常に速やかな対応を取ることで、首都圏の輸送を担っているのである。

こうした施策は、一見すると鉄道事業者側の利益向上を目的として行なわれている、と思われがちだが、それ以外にも鉄道事業の最大の使命である「安全の確保」などにも役立っている。

勝どき駅の駅構内改良工事はもとより、駅ナカ施設も、利用者の円滑な流れを作り、駅構内への人の流れを一時的に調節するダムのような役割もあると考えられる。

東京メトロと都営地下鉄の統合は？

東京を疾走する地下鉄の最大の特徴は、国内の他の大都市とは異なり、国と都が株式を保有する特殊法人である東京地下鉄と、地方自治体の東京都交通局という2つの事業者がネットワークを構築している、ということだ。別々の事業者であるため、同一名称の駅でさえ乗り換えに時間がかかることが多く、運賃制度は異なり、初電・終電などの接続ダイヤが考慮されていないなど、事業者都合が優先されたサービスになっていることは否めない。

この2事業者による地下鉄事業を統合するという議論はかなり以前から各方面で行なわれているが、現在まで具現化には至っていない。しかし、両者の経営統合は利用者に相応のメリットをもたらすことが見込まれることから、国土交通省、財務省、東京地下鉄と東京都が「東京の地下鉄の一元化、東京メトロの早期完全民営化等の課題を関係者間において共有化し、具体的な解決策やサービス向上策の実現に向けて、実務的な検討を行なう」という協議内容を設定し、「東京の地下鉄の一元化等に関する協議会」という会議を平成22年（2010）8月から開催している。

このなかで東京都は「東京の地下鉄は、長らく二元化で建設されてきた。それは、高額の費用がかかる地下鉄建設を東京都だけで賄うことが不可能であり、仮に実行したところで経営状況に大きな不安定要素を持ってしまうからである。今後は大きな新規路線の建設もなく、現状の路線の運営が主体となる。東京地下鉄が組織として制定された頃に比べると経営状況も非常に安定している。東京メトロが完全民営化されてしまうと、一元化は非常に煩雑で難しくなってしまうので、一元化をするのであれば、完全民営化前が最後のチャンスではなかろうか？」と発言している。

一方、国土交通省は「一元化の話は、昭和61年（1986）の行革審の答申からいわれている方針である。東京メトロの収益からすれば、財務面では上場に懸念がない。利用者利便の上から地下鉄一元化は、完全民営化を踏まえたうえで、議論していきたい」としている。

さらに、財務省は「国の交通政策との整合性を前提として、東京メトロの株主価値を高めていくことが重要。できる限り速やかに株式売却を行なうべきとする東京地下鉄株式会社法の範囲で議論されてしかるべきである」と提言している。

また東京地下鉄は「社員一丸となって企業価値の向上に取り組んでおり、その努力が無にならぬよう理解していただきたい」と表明している。

このように国、東京都、東京メトロは三者三様の立場をとっており、解決の困難さを感じることができるが、利用者を第一に考えた議論を進めてもらいたいものである。つまり、一元化しても新しい地下鉄事業者が健全な経営状況を保ち、東京の地下鉄として利用者本位のネットワークを構築し、輸送の安全が保てるのであれば、一元化は速やかに行なわれるべきである。そして逆に、そのなかのひとつでも達成できないのであれば、この話は振り出しに戻すべきではないだろうか。

さて、両者の経営統合にはまだまだ時間がかかりそうである。そこで、利用者にとってもっとも身近な一元化、つまり運賃体系の統一について考えてみたいと思う。

そもそも運賃は、鉄道事業者が膨大な資料とともに国土交通省に申請し、内容を審査のうえ、認可されるものである。そのため、各事業者の経営状況を大いに加味し、かつ利用者のために、利益を非常に薄くしたものの結果が運賃である。

東京メトロと都営地下鉄の初乗り運賃を比べてみると、東京メトロの170円に対して、都営地下鉄は180円である（ともに紙のきっぷを購入した場合）。価格自体は10円の違いだが、東京メトロは6キロまで170円、都営地下鉄は4キロまで180円なので、都営地下鉄のほうが割高である。さらに初乗り運賃を1キロ当たりで計算すると、東京メトロは28・3円／キロ、都営地下鉄は45円／キロとなり、じつに都営地下鉄は東京メトロの1・6倍である。この傾向は、初乗り時だけに限らず、両者共通の区界である27キロの運賃でも、東京メトロの280円に対して都営地下鉄が370円となっており、1キロ当たりで都営地下鉄は東京メトロの1・3倍である。

ここで厄介なのは、「鉄道運賃も独占禁止法の完全適用除外には当たらない」という法的解釈だ。つまり単純に、どちらかの運賃に合わせてしまうと、公正な競争のうえでのものではない、と解釈されてしまう恐れがある。

先述したように、運賃の認可は膨大な資料の提出によって、正当性をもって判断されている。

根拠のない運賃の値上げや値下げは、運賃を自らが否定してしまうことになり、その正当性すら虚偽のものと捉えられかねない。

一部マスコミでは、平成32年（２０２０）に開催される東京オリンピックまでに、運賃の統一が図られるのではないかという観測も出ているが、筆者は懐疑的である。まずは東京メトロと都営地下鉄の経営統合が先決ではないのか？

その上での運賃設定こそが、本来の正当な運賃の統一化だと筆者は考える。もちろん、政治的な判断による経営統合に先行した運賃統一は十分に考えられよう。だがこの場合も、経営一元化の折には、運賃の再設定が必須となる。それだけ運賃設定というものは、厳格なものなのだ。

東京メトロ　各路線の解説とデータ

銀座線（浅草〜渋谷間）●運輸政策審議会による名称：3号線

昭和2年（1927）12月30日に浅草〜上野間が開業した銀座線は、日本初の地下鉄路線である。東京地下鉄道（現・東京メトロ）により建設が進められ、延伸を繰り返しながら、最終的には昭和9年（1934）6月21日に新橋まで開業した。

一方、青山六丁目（現・表参道）〜虎ノ門間は、東京高速鉄道が建設し、昭和13年（1938）11月18日に開業した。さらに、2カ月後の昭和14年（1939）1月15日には、残る区間も延伸され渋谷〜新橋間がつながった。

この東京高速鉄道の新橋開業により、昭和14年（1939）9月16日に東京地下鉄道と東京高速鉄道による相互直通運転が行なわれ、現在の浅草〜渋谷間で直通運転をするようになった。

昭和16年（1941）9月1日には、東京地下鉄道と東京高速鉄道の2つの事業者を統合させる帝都高速度交通営団法が施行され、営団地下鉄の路線となった。戦後は、経済的な復興を早める必要があったため、一刻も早く地下鉄の路線網を整備することになった。

昭和28年（1953）12月1日に丸ノ内線の開業に備えて路線名を設定することになり、銀座線となった。

平成9年（1997）9月には、全線開業以来58年ぶりの新駅として、虎ノ門〜赤坂見附間に南北線との乗り換えが可能な溜池山王駅が開業し、都心部南北とのアクセスが向上した。

平成16年（2004）3月の営団地下鉄の解散後は、東京地下鉄への民営化が行なわれ、銀座線のリニューアル工事が進行した。今後は、平成24年（2012）4月に登場した新型車両1000系電車への全車置き換えや駅ホームドアの設置などが行なわれる予定だ。

銀座線は日本初の地下鉄であることと高い技術や功績が認められ、「近代化産業遺産」に認定されており、さらに浅草～新橋間のトンネルや駅構内に対し「土木学会選奨土木遺産」の認定を受けるなど、価値ある文化遺産でもある。

●路線データ
路線カラー・シンボル：オレンジ・G
現在使用車両：01系、1000系（6両編成）
路線延長：14・3キロ（地上部分0・3キロ）
軌間：1435ミリ
電圧：直流600ボルト（第三軌条方式）
保安装置：新CS―ATC（TASC併用）
車両基地：上野検車区・上野検車区渋谷分室
担当工場：中野工場

丸ノ内線（池袋～荻窪間・中野坂上～方南町間〈分岐線〉）●運輸政策審議会による名称：4号線

東京の地下鉄として2番目に登場した丸ノ内線は、戦中戦後という、日本の混乱時に建設された路線である。戦時中は、一時的に建設を中止したこともあった。

昭和29年（1954）1月20日に池袋～御茶ノ水間が開業し、2年後の昭和31年（1956）3月20日には、御茶ノ水～淡路町間が延伸された。その後も路線を延ばし、池袋～新宿間の全線が開通したのは、昭和34年（1959）3月15日のことである。

新宿以西（新宿〜荻窪間と中野坂上〜方南町間）については、当初荻窪線として建設され、昭和37年（1962）3月23日に全線が開業した。その後昭和47年（1972）4月1日に丸ノ内線に編入している。

平成16年（2004）に東京メトロに移管してからも、ホーム可動柵（ホームドア）の設置やワンマン運転に対応した保安設備への更新を行なうなど、安全性や利便性の向上に努めている。ちなみに運転間隔は、平日朝ラッシュ時が平均1分50秒と日本一高密度な運行が行なわれている。

●路線データ

路線カラー・シンボル：レッド・M（分岐線はm）

現在使用車両：02系（6両編成）

支線は02系（3両編成）

路線延長24・2キロ（地上部分2・2キロ）、支線は3・2キロ

軌間：1435ミリ

電圧：直流600ボルト（第三軌条方式）

保安装置：新CS―ATC（TASC併用）

車両基地：中野検車区、中野検車区小石川分室

担当工場：中野工場

日比谷線（北千住〜中目黒間）●運輸政策審議会による名称：2号線

日比谷線は、昭和36年（1961）3月28日の南千住〜仲御徒町間開業が始まりで、当時の営団地下鉄として初めて相互直通運転を行なった路線である。他路線との乗り入れ規格に合わせるため、車両は18メートル級の車体とし、集電方式も、銀座線や丸ノ内線の第三軌条方式とは異なる架空電車線方式（パンタグラフと電車線を用

いた集電方式）となった。

日本初の相互直通運転は、すでに東京都交通局浅草線と京成電鉄が行なっていたが、営団地下鉄の車両が、都心と郊外を結ぶ計画は、当時大変画期的なことであった。乗り入れ区間は、埼玉方面は東武鉄道伊勢崎線、神奈川方面は東京急行電鉄東横線との直通運転が計画された。

昭和37年（1962）5月31日に仲御徒町～人形町間と、南千住～北千住間が延伸開業し、同時に伊勢崎線との相互直通運転が始まった（当時は北越谷まで）。

その後も延伸開業を繰り返し、昭和39年（1964）8月29日に北千住～中目黒間の全線運転が開始され、東横線への乗り入れも果たされた（東横線への乗り入れは、平成25年（2013）、東横線の副都心線乗り入れ開始に伴い廃止された）。

最近の話題としては、現在活躍している03系が登場から20年以上が経っているため、新型車両への置き換えが計画されており、平成28年度から20メートル級の新型車両の導入予定がアナウンスされている。

今までは、18メートル級車両の規格で、トンネルや軌道、駅の構造を整備してきたが、最近東西線車両の走行実績や整備条件を考慮した結果、車両の大型化も可能との判断がなされたようだ。銀座線の全面リニューアルに続き、今後は日比谷線での全面リニューアルも期待できそうだ。

●路線データ
相互直通運転区間：北千住～南栗橋間（東武伊勢崎線、日光線）
メトロ車運用区間：日比谷線全線、北千住～南栗橋
路線カラー・シンボル：シルバー・H
現在使用車両：03系（8両編成）
路線延長：20・3キロ（地上部分2・9キロ）

軌間：１０６７ミリ
電圧：直流１５００ボルト（架空電車線方式）
保安装置：新ＣＳ―ＡＴＣ
車両基地：千住検車区・千住検車区竹ノ塚分室
担当工場：鷺沼工場

東西線（中野〜西船橋間）●運輸政策審議会による名称：5号線

昭和39年（１９６４）12月23日、高田馬場〜九段下間を開業したのがはじまりである。東西線は、都市交通審議会答申第6号において、中野から都心を抜け、船橋に至るルートが計画されていた。

このルートには、すでに国鉄の中央・総武緩行線が運行されていたが、慢性的な混雑により輸送力が逼迫しており、バイパス的な役割を持たせようとした。

昭和41年（１９６６）には、順次部分開業を繰り返し、中野駅まで開通した時点で、国鉄中央本線の荻窪駅（のちに三鷹駅まで延長）まで直通運転を開始した（当時は営団車のみ）。さらに中野〜西船橋間の全線が開業したのは昭和44年（１９６９）3月、同時に東陽町〜西船橋間で、日本の地下鉄では初となる快速運転が開始された。

なお、南砂町〜西船橋間は地上高架線を走る区間になっており、地上区間だけで13・8キロ（全線30・8キロ中）もある。地下鉄であるにもかかわらず、全線の半分弱が外の景色を見られる珍しい路線だ。地上走行となっている区間は、東京の湾岸エリアで建物が少なかったので、用地の確保が容易であったことと、地下にトンネルを掘るよりも高架にしたほうが、建設費を抑えられるため、このような形態になったのだ。

昭和47年（１９７２）からは、朝夕のラッシュ時のみ西船橋から総武本線の津田沼まで相互直通運転を開始し、津田沼駅などでも、東西線乗り入れ車両を見ることができた。

東西線の開通により、東京湾岸エリアの人口も増え、東西線の需要はますます上がっていった。また、平成8年（1996）には、東葉高速鉄道が開業。西船橋～東葉勝田台間で相互直通運転が開始され、千葉の勝田台方面からの利用者も加わり、ラッシュ時の混雑率は、東京の地下鉄の中でもトップクラスになった。

今後は、混雑緩和に向けてさらなる高密度運転を目指し、南砂町駅を改良する予定である。待避線を増設し、快速列車の通過待ち合わせが行なえるように2面3線のホームに増設するための工事を行なう予定だ。

●路線データ
相互直通運転区間：中野～三鷹間（JR中央本線）
西船橋～津田沼間（JR総武本線）
西船橋～東葉勝田台間（東葉高速鉄道東葉高速線）
メトロ車運用区間：東西線全線、東葉高速線全線、JR中央線中野～三鷹、JR総武線西船橋～津田沼
路線カラー・シンボル：ハイライトブルー・T
現在使用車両：05系、07系15000系、（10両編成）
路線延長：30・8キロ（地上部分13・8キロ）
軌間：1067ミリ
電圧：直流1500ボルト（架空電車線方式）
保安装置：新CS-ATC
車両基地：深川検車区・深川検車区行徳分室
担当工場：深川工場

千代田線〈綾瀬～代々木上原間、綾瀬～北綾瀬間〈支線〉〉●運輸政策審議会による名称：9号線

昭和44年（1969）12月20日、北千住～大手町間が開業した。千代田線の計画当初は、喜多見から永田町、日比谷、池之端、松戸方面に設定されたが、その後に既存の小田急線と常磐線を活用する方法に変更された。同時に、現在の代々木上原～綾瀬間のルートとなり、工事が進められた。

北千住～大手町間の工事には、さまざまなエピソードが存在しているが、そのうちのひとつである北千住～根津間では、トンネルを建設する地上部分にある道路の幅が狭いため、上下線のトンネルを平行に掘ることができず、縦に建設してスペースを抑える方法をとった。また、国会議事堂前駅構内と新御茶ノ水駅構内は深度があるため、トンネル建設の際、東京の地下鉄工事で初となるシールド工法による掘削が行なわれた。昭和46年（1971）3月1日、大手町～霞ケ関間開業。さらに同年4月20日に北千住～綾瀬間が開業した。また、国鉄常磐線（緩行線）との相互直通運転も始まり、我孫子まで（のちに取手まで延伸）の運行が行なわれている。

千代田線が全通したのは、昭和53年（1978）3月31日のこと。終点の代々木上原からは、小田急小田原線（本厚木まで）との相互直通運転も始まった。これにより、1都3県（茨城県～千葉県～東京都～神奈川県）をつなぐロングラン運用が可能となり、多くの人が利用する路線に成長した。

平成14年（2002）の小田急側のダイヤ改正によって、小田原線の本厚木発着から多摩線の唐木田発着をメインとする運行に変更を行なった。さらに平成20年（2008）からは北千住～箱根湯本駅間の小田急ロマンスカー60000形（MSE）による直通運転も行なわれている。

また、車庫の入出庫線として昭和54年（1979）12月に開業した綾瀬～北綾瀬間2・1キロの支線運行は、現在の3両編成から10両編成にも対応して代々木上原方面からの直通運行に向けた計画がある。

●路線データ

相互直通運転区間：綾瀬〜取手間（JR常磐線）
代々木上原〜唐木田間（小田急小田原線、小田急多摩線）
代々木上原〜本厚木間（小田急小田原線）
代々木上原〜箱根湯本間（小田急小田原線、箱根登山鉄道線）
※小田急ロマンスカー60000形のみ

メトロ車運用区間：千代田線全線、綾瀬〜取手、代々木上原〜唐木田

路線カラー・シンボル：グリーン・C

現在使用車両：6000系、16000系（10両編成）
支線は05系（3両編成）

路線延長：21・9キロ（地上部分2・9キロ）・支線は2・1キロ（全線地上区間）

軌間：1067ミリ

電圧：直流1500ボルト（架空電車線方式）

保安装置：新CS―ATC（北綾瀬支線はATO併用）

車両基地：綾瀬検車区、代々木車庫

担当工場：綾瀬工場

有楽町線（和光市～新木場間）●運輸政策審議会による名称：8号線（小竹向原～新木場間）、13号線（和光市～小竹向原間）

有楽町線は、都市交通審議会答申第10号において計画された路線である。建設の目的のひとつには、丸ノ内線の混雑緩和ということがあったため、池袋～銀座一丁目間が、昭和49年（1974）10月30日に開業した。

もともとは、練馬・成増と中村橋方向より飯田橋、銀座を経由し、明石町方向へ抜ける路線として計画されたが、保谷～湾岸地域方向に変更され、現在の有楽町線の基礎ルートとなった。

昭和55年（1980）3月27日に銀座一丁目～新富町間が延伸。その後も路線を延ばし、昭和63年（1988）6月8日に新富町～新木場間が開業し、和光市～新木場間の全線が開通した。

相互直通運転は、和光市から東武東上線の森林公園までと、小竹向原から西武有楽町線の練馬を経由し西武池袋線の飯能まで行なわれている。

なお、平成6年（1994）12月に開業した小竹向原～新線池袋間（複々線部）については、副都心線の先行開業のための区間という位置づけで、平成20年（2008）6月の副都心線全線開業で、副都心線に編入された。現在は和光市～池袋間で、並行に運行する副都心線の影響を受けて、ホームドアの設置やATO（自動列車運転装置）の使用によるワンマン運転を行なっている。また、新型10000系車両の導入など近代化が行なわれている。

●路線データ

相互直通運転区間：小竹向原～飯能間（西武有楽町線、西武池袋線）

和光市～森林公園間（東武東上線）

メトロ車運用区間：有楽町線全線、小竹向原～飯能間、和光市～森林公園間

路線カラー・シンボル：ゴールド・Y
現在使用車両：7000系（10両編成、8両編成）、10000系（10両編成）
路線延長：28・3キロ（地上部分2・3キロ）
軌間：1067ミリ
電圧：直流1500ボルト（架空電車線方式）
保安装置：新CS―ATC（ATO併用）
車両基地：和光検車区・和光検車区新木場分室
担当工場：綾瀬工場

半蔵門線（渋谷〜押上間）●運輸政策審議会による名称：11号線

11号線は、都市交通審議会答申第10号において計画された路線として初めて示された。このうち渋谷〜二子玉川間が東京急行電鉄新玉川線（現在の田園都市線）として昭和52年（1977）4月7日に開業。営団としては、渋谷からの延長区間渋谷〜青山一丁目間が昭和53年（1978）8月1日に開業し、半蔵門線の名称がこのときから登場した。

半蔵門線計画当初は、二子玉川方面より三軒茶屋、渋谷、神宮前、永田町、九段下、神保町、大手町を経て、日本橋蠣殻町に至る路線として設定されたが、のちの昭和47年（1972）都市交通審議会答申第15号、昭和60年（1985）の運輸政策審議会答申第7号において、錦糸町、松戸方面にまで延長された。

開業当時の半蔵門線は、区間も短く全列車が東急線に直通するため、専用車両の導入は行なわれず、東急8500系による運行だった。半蔵門線用の8000系が登場するのは、昭和56年（1981）で、このとき東急田園都市線の鷺沼に、営団の車両基地が設置された。

路線のほうは、昭和54年（1979）9月には、青山一丁目～永田町間が単線で開業した。都市部の地下鉄が単線で運行されるのは珍しかったが昭和57年（1982）12月に、永田町～半蔵門間が延伸されると、青山一丁目～永田町間も複線となった。

その後も延伸を続け、渋谷～押上間の全線が開通したのは、平成15年（2003）3月19日のことである。同時に、押上から東武鉄道伊勢崎線（現・東武スカイツリーライン）・日光線南栗橋までの相互直通運転が開始されたことによって、東急田園都市線の中央林間から東武日光線の南栗橋までの運行となり、総延長は98・5キロにも及ぶ。この距離は、東京メトロ車両の運行距離の最長である。またさらに平成18年（2006）3月18日には、東武伊勢崎線との乗り入れ区間を、久喜まで延長している。

●路線データ

相互直通運転区間：渋谷～中央林間間（東急田園都市線）
　押上～久喜・南栗橋間（東武伊勢崎線・日光線）
メトロ車運用区間：半蔵門線全線、渋谷～中央林間、押上～久喜・南栗橋
路線カラー・シンボル：パープル・Z
現在使用車両：8000系、08系（10両編成）
路線延長：16・8キロ（全線地下区間）
軌間：1067ミリ
電圧：直流1500ボルト（架空電車線方式）
保安装置：新CS—ATC
車両基地：鷺沼検車区
担当工場：鷺沼工場

南北線（目黒〜赤羽岩淵間〈白金高輪〜目黒間は都営三田線と共用〉）●運輸政策審議会による名称：7号線

南北線は、平成3年（1991）11月29日に駒込〜赤羽岩淵間で開業した。

建設当初は、目黒方面より飯倉片町、永田町、市ケ谷、駒込、王子を抜けて赤羽に至る路線として設定されたが、のちの昭和47年（1972）、都市交通審議会答申第15号、昭和60年（1985）の運輸政策審議会答申第7号において、将来の延伸を見据えて川口、浦和市（現・さいたま市）方面に変わり、現在の線形に近い路線となった。

南北線は、「21世紀を志向する便利で快適な魅力ある地下鉄」を意識した路線で、新しい実践試行が行なわれた。特筆すべきは「ワンマン運転」で、全線にATO（自動列車運転装置）を導入し、運転士は車掌の業務も兼務することで、ドアの開閉なども行なっている。

この作業は、運転士がドア開閉の際にホームに降り立ち、乗降の確認を行なうのではなく、停止位置付近になると監視モニタが稼働し、そのモニタに映し出される乗降状況を確認して、ドアの開閉を行なう形になっている。また、電車がホームに進入する際に、旅客の転落などを防止するため、ホームドアを設置している（天井までガラスで覆われ、線路側とホームが完全に分離している）。

同時期に開業した都営地下鉄12号線（のちに大江戸線）でも、鉄輪式リニアモーター駆動という新たな方式を採用しており、南北線のホームドアや12号線のリニアモーターは、未来派地下鉄として、新しい風を吹き込んだ。

平成8年（1996）3月26日に、四ツ谷〜駒込間が開業。その後も路線を延ばしていき、平成12年（2000）9月26日には目黒〜赤羽岩淵間が全線開業し、東急目黒線との相互直通運転を開始した。

ちなみに目黒〜白金高輪間は、都営地下鉄三田線との共用区間である。共用といえども、互いに運賃計算が異なるため、営団地下鉄と都営地下鉄との間で協議を行ない、特別な運賃制度になっている（130ページ参照）。

平成13年（2001）3月に、埼玉高速鉄道線との相互直通運転をはじめ、目黒から浦和美園までがつながった。なお、赤羽岩淵〜浦和美園間は、埼玉県と当時の営団地下鉄などが第三セクターとなって設立した「埼玉高速鉄道株式会社」が運行する路線となっている。

●路線データ

相互直通運転区間：赤羽岩淵〜浦和美園間（埼玉高速鉄道線）
　目黒〜日吉間（東急目黒線）
メトロ車運用区間：南北線全線、目黒〜日吉、埼玉高速鉄道線全線
路線カラー・シンボル：エメラルドグリーン・N
現在使用車両：9000系（6両編成）
路線延長：21・3キロ（全線地下区間）
軌間：1067ミリ
電圧：直流1500ボルト（架空電車線方式）
保安装置：新CS―ATC（ATO併用）
車両基地：王子検車区、浦和美園車両基地
担当工場：綾瀬工場

副都心線（和光市～渋谷間）●運輸政策審議会による名称：13号線

副都心線は、平成20年（2008）6月14日に池袋～渋谷間が開通した。同時に有楽町線新線も、副都心線に編入される形となり、有楽町線新線の未開業であった千川、要町の各駅も開業した。

もともとの計画では、志木、成増方面より池袋、諏訪町、西大久保、新宿に至る路線だったが、昭和60年（1985）の運輸政策審議会答申第7号で新宿～渋谷間が加えられている。

東京都心西部の大動脈として機能する形になるため、埼玉、神奈川方面からの旅客を考慮し、混雑が著しい山手線や埼京線を補助する役目も担っている。

副都心線と呼ばれる区間のうち、和光市～小竹向原間は有楽町線との共用区間で、小竹向原～池袋間は、別線複々線区間となっている。この複々線区間は、コストや認可などの関係から有楽町線の建設と同時に工事が進められ、トンネルなどの地下構造物自体は、昭和60年（1985）にすでに完成していた。

平成6年（1994）12月7日に、西武有楽町線の新桜台～練馬間が延伸されると、西武線からの列車本数も増え、建設以来10年近く眠っていた小竹向原～池袋間の複々線区間を、有楽町線の新線として先行開業した（この時点では千川駅、要町駅は未開業）。

このため、池袋駅は有楽町線ホームとは異なる位置となるため、駅名板や行先表示を〝新線池袋〟として誤乗防止策をとっていた。

一方、池袋～渋谷間の建設は、昭和50年（1975）にすでに認可申請を出していたが、保留状態が続き、平成11年（1999）にようやく認可が下り、平成13年（2001）から池袋～渋谷間の工事が開始された。

営団地下鉄が最後に行なっていたこの地下鉄工事は、平成16年（2004）に設立された東京メトロにそのまま引き継がれ、全線開業と同時に、有楽町線と同様の和光市から東武東上線と、小竹向原から西武有楽町線・池袋線との相互直通運転を実施している。これら路線の分岐駅である小竹向原では、旅客の乗り換えと列車の運転系統が複雑になったため、列車同士の発車待ち状態が頻繁に発生し、大幅に遅延運転することが多かった。そのため、ダイヤ改正のたびに改善を図っている。

平成25年（2013）、東急が副都心線渋谷駅との共用をはじめ、東急東横線、横浜高速鉄道みなとみらい線との相互直通運転を開始した。全駅にホームドアを設置している。

●路線データ

相互直通運転区間：小竹向原～飯能間（西武有楽町線、西武池袋線）
和光市～森林公園間（東武東上線）
渋谷～元町・中華街間（東急東横線・横浜高速鉄道みなとみらい線）

メトロ車運用区間：副都心線全線、小竹向原～飯能、和光市～森林公園、渋谷～元町・中華街

路線カラー・シンボル：ブラウン・F

現在使用車両：7000系（10両編成、8両編成）、10000系（10両編成）

路線延長：20・2キロ（全線地下区間）

軌間：1067ミリ

電圧：直流1500ボルト（架空電車線方式）

保安装置：新CS―ATC（ATO併用）

車両基地：和光検車区・和光検車区新木場分室

担当工場：綾瀬工場

都営地下鉄（東京都交通局）　各路線の解説とデータ

浅草線（西馬込～押上間）●運輸政策審議会による名称：1号線

浅草線は、大正9年（1920）に東京市告示2号に記された1号線として計画された路線だ。相互直通運転を日本で初めて実施した路線である。当初のルートは、品川八ツ山を起点に新橋、築地、両国西側、雷門を経て押上に至る路線として設定されたが、戦後、武蔵小山、五反田、田町、虎ノ門、銀座、浅草橋、上野、巣鴨、板橋一丁目へと修正された。

しかし、昭和31年（1956）の都市交通審議会答申第1号では、もともとの品川～押上ルートが再び採用されることになった。当時、東京の地下鉄建設は、営団地下鉄が行なう形で進められていたが、営団だけでは建設が追いつかないため、東京都が地下鉄建設を行なうことになり、浅草線の建設が進められた。

昭和35年（1960）12月4日には、押上～浅草橋間が開業。その後、部分開業を繰り返し、昭和43年（1968）6月21日に泉岳寺まで開業し、同時に京浜川崎（現・京急川崎）まで京急との相互直通運転を開始した（昭和56年〈1981〉から逗子海岸〈現・新逗子〉まで延長）。同じ年の11月15日には、泉岳寺～西馬込間も開通して、これで全線開業となった。

平成3年（1991）～平成7年（1995）までに、開業当初の5000形車両から新型車両の5300形にすべて置き換えられ、平成10年（1998）11月には成田空港と羽田空港を結ぶ「エアポート快特」が登場。両空港を結ぶ連絡列車として機能している。また、京成電鉄、京浜急行電鉄、北総鉄道、芝山鉄道など多くの会社と相互直通運転を行なっており、さまざまな形式の車両を見ることができる。

開業からしばらくは都市交通審議会から与えられた「1号線」がそのまま使われていたが、昭和53年（197

8）に路線名称を制定し「浅草線」とした。

●路線データ

相互直通運転区間：押上〜成田空港間（京成押上線、京成本線）、京成高砂〜印旛日本医大間（北総鉄道線）、印旛日本医大〜芝山千代田間（京成成田空港線・東成田線、芝山鉄道線）、泉岳寺〜羽田空港、新逗子、浦賀、三崎口間（京浜急行本線、久里浜線、逗子線、空港線）

都営車両運用区間：都営浅草線全線、押上〜京成成田、京成高砂〜印旛日本医大、泉岳寺〜羽田空港、新逗子、三崎口

路線カラー・シンボル：ローズ・ピンク・A

現在使用車両：5300形（8両編成）

路線延長：18・3キロ（全線地下区間）

軌間：1435ミリ

電圧：直流1500ボルト（架空電車線方式）

保安装置：C—ATS（現在、日本の地下鉄で唯一ATCを採用していない）

車両基地：馬込車両検修場

担当工場：馬込車両検修場

三田線〈目黒～西高島平間〈目黒～白金高輪間は東京メトロ南北線と共用〉〉●運輸政策審議会による名称：6号線

三田線は、昭和32年（1957）に、現在の東京メトロ東西線の支線として計画された大手町一丁目～下板橋間が始まりである。その後、昭和37年（1962）の都市交通審議会答申第6号において東西線と分離され、6号線となった。

この時点で、東京都が建設を担当することになり、本答申では、馬込西二丁目方向より五反田、泉岳寺、日比谷、大手町、神保町、巣鴨などを経て上板橋、大和町（現在の板橋本町付近）方面と志村（現在の高島平）方面に延びる路線として修正された。

さらに、昭和39年（1964）の答申では、大和町～上板橋間を取りやめて志村方面のみとし、志村から東武東上線の大和町（現在の和光市）まで延伸し、相互直通運転を行なう予定に変わった。

一方、泉岳寺～西馬込間は、並行する浅草線の支線として計画が進められ、三田線は泉岳寺から東急泉岳寺線となり桐ヶ谷まで延伸し、東急大井町線などと直通運転をする計画になった。そのため、軌間や車両も両社（東武・東急）の規格に合うように軌間を1067ミリで、車両も20メートル級4扉車で計画が進められた。

しかし、昭和40年（1965）に東武東上線は有楽町線へ、東急は現在の半蔵門線へ乗り入れる計画に変更したため、6号線の乗り入れ計画は頓挫してしまった。

そのため、両社との乗り入れ計画がなくなったまま着工し、志村～三田間の工事が進み、昭和43年（1968）12月27日、都営地下鉄6号線として、巣鴨～志村（昭和44年〈1969〉8月より高島平に改称）間が開業。

さらに昭和47年（1972）6月30日、日比谷～巣鴨間を延伸。高島平～西高島平間は東武管轄の連絡線になる予定として東京都が譲り受けたが、計画が変更されたため6号線の延伸として工事が進んだ。昭和53年（1978）に路線名が与えられ、6号線から都営三田線となった。

しばらくの間は、西高島平～三田間の営業が続いたが、平成12年（2000）9月26日に三田～目黒間が開通、全線開業となり、東急目黒線との相互直通運転が開始された。

三田線は、東京メトロ南北線と共用する区間もあるため、全駅にホームゲート、ホームドアを設置し、ATO（自動列車運転装置）による運行をしている。なお、車両も全線開業を見越して平成11年（1999）までにすべて新型の6300形に置き換えられた。

話を過去に戻すが、昭和43年（1968）の都市交通審議会答申第10号で桐ヶ谷、大和町方向から大宮市西部、浦和市西部、清正公前（現在の白金高輪）、横浜方面に改められた三田線は、その後の情勢の変化によって、昭和60年（1980）の運輸政策審議会答申第7号で南側は目黒止まりとなり、目黒から東急目蒲線（現・目黒線）との相互直通運転が確定した。

三田線は、計画当初から長きにわたり、情勢の変化に振り回され、計画区間の変更が続いていたが、全線開業による横浜～東京北部方面へのアクセスが向上したことにより、本来の利便性を確保できた。平成16年（2004）には、6300形による臨時列車として元町・中華街駅までの直通列車が運転された。

●路線データ

相互直通運転区間：目黒～日吉間（東急目黒線）
都営車両運用区間：三田線全線、目黒～日吉
路線カラー・シンボル：ブルー・I
現在使用車両：6300形（6両編成）
路線延長：26・5キロ（地上部分5・1キロ）
※目黒～白金高輪間の2・3キロは、第二種鉄道事業免許線

軌間：1067ミリ
電圧：直流1500ボルト（架空電車線方式）
保安装置：CS-ATC（ATO併用）
車両基地：志村車両検修場
担当工場：志村車両検修場

新宿線（新宿～本八幡間）●運輸政策審議会による名称：10号線

新宿線は、昭和43年（1968）の都市交通審議会答申第10号にて芦花公園方面より新宿、靖国通りを経由し市ケ谷、神保町、浜町各方面を経て住吉町方面に抜ける路線として計画されたのが始まりだ。その後、住吉町～千葉ニュータウン間と調布～深川住吉町間、橋本～芦花公園間がそれぞれ追加されたが、調布～新宿間は京王帝都電鉄（現・京王電鉄）京王線を複々線にすることで計画され、京王線へ直通運転を行なって開業した。

新宿線の工事は、昭和46年（1971）5月に着手し、開業は昭和53年（1978）12月21日の岩本町～東大島間であった。10号線という名称は、開業前にほかの都営地下鉄路線とともに路線名称が改められたため、当初より都営新宿線と呼ばれてのスタートだった。

新宿線の軌間は、将来的に直通運転を行なう京王線に合わせて1372ミリとなった。この軌間は馬車軌間と呼ばれ、現在の京王電鉄の前身である京王電気軌道が地方鉄道法ではなく、軌道法によって敷設されたことによる。なお、日本の地下鉄で1372ミリの軌間を使用しているのは、この新宿線のみである。

昭和55年（1980）3月16日に、新宿～岩本町間が開業。京王新線経由による京王線との相互直通運転を開始した。その後も延伸を繰り返し、平成元年（1989）3月19日に、新宿～本八幡間全線が開通した。

また、本八幡〜北総ニュータウン（現・千葉ニュータウン）間は、千葉県営鉄道を通じて北総線に接続され延伸する予定であったが、バブルの崩壊やニュータウン計画の規模縮小、県の財政緊縮化などにより、建設の目途が立たなかった。そのため計画は頓挫してしまい、幻の路線となったのだ。

近年では、平成9年（1997）に急行運転が開始され、新宿〜本八幡間の速達性が向上された。平成17年（2005）からは、開業時から活躍する10-000形の置き換え用として、全車新型の10-300形も登場した。将来的には、全駅にホームゲートが設置される予定で、今後も輸送環境の向上に向けて改善を進めている。

●路線データ

相互直通運転区間：新宿〜橋本・高尾山口間（京王新線、京王線、京王相模原線・京王高尾線）
都営車両運用区間：新宿線全線、新宿（新線）〜橋本、高尾山口
路線カラー・シンボル：リーフ・S
現在使用車両：10-000形（8両編成）、10-300R形（8両編成）
10-300形（8両編成、10両編成）
路線延長：23・5キロ（地上部分2・5キロ）
軌間：1372ミリ
電圧：直流1500ボルト（架空電車線方式）
保安装置：D—ATC
車両基地：大島車両検修場
担当工場：大島車両検修場

大江戸線（都庁前〜光が丘間）●運輸政策審議会による名称：12号線

大江戸線は、昭和43年（１９６８）の都市交通審議会答申第10号にて新宿方面から春日町、上野、深川、月島を経て麻布方面へ延びる路線として記されたのが始まりだ。

その後、昭和47年（１９７２）の都市交通審議会答申第15号において、新宿〜麻布方面を環状線とし、新宿〜新宿へと戻る形を示し、新宿〜高松（練馬方面）間と護国寺〜目白間が追加された。

大江戸線は、建設費用などを削減するため、小型化された車両を使用する地下鉄を考案し、全国で2例目となる鉄輪式リニアモーター方式の地下鉄を採用した。

平成3年（１９９１）12月10日に、光が丘〜練馬間が開業。当時は路線名がなく、都営12号線と呼ばれていた（大江戸線の名前の由来については、１４２ページ参照）。

光が丘〜練馬間は、予定されていた路線の放射部に当たり、他の都営地下鉄などと接続はできなかったが、平成9年（１９９７）12月19日に練馬〜新宿間を延伸開業した。

平成12年（２０００）4月に新宿〜国立競技場間、12月に国立競技場〜都庁前間の全線が開業し、都庁前を起点に、飯田橋、両国、大門、新宿、光が丘と、「の」の字を描くような運転が始まった。

なお、全通時には未開業だった汐留駅は、オフィスビル街のオープン時に合わせて平成14年（２００２）11月に開業した。また、平成17年（２００５）8月に、つくばエクスプレス（首都圏新都市鉄道）が開業したため、新御徒町駅で乗り換えができるようになり利便性が向上した。

大江戸線は現在も、大規模な駅改良や延伸などが計画されているため、目を離せない路線である。

●路線データ

路線カラー・シンボル：マゼンタ・E
現在使用車両：12-000形（8両編成）
12-600形（8両編成）
路線延長：40・7キロ（全線地下区間）
軌間：1435ミリ
電圧：直流1500ボルト（架空電車線方式、車上1次鉄輪式リニアモーター方式）
保安装置：CS—ATC（ATO併用）
車両基地：木場車両検修場（木場車庫、高松車庫）
担当工場：馬込車両検修場

地下鉄の縦断面図

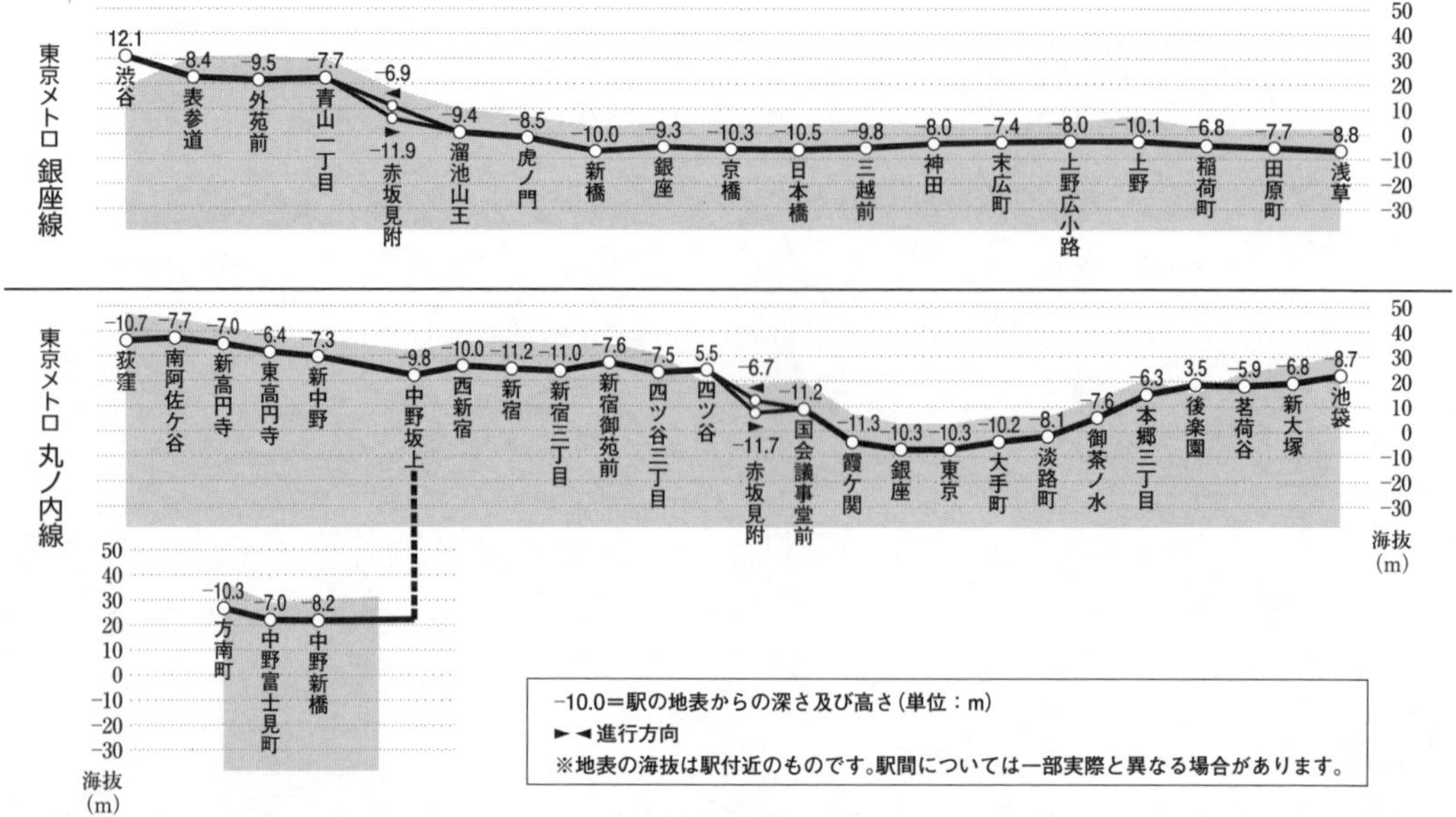
東京メトロ 銀座線
12.1 渋谷
-8.4 表参道
-9.5 外苑前
-7.7 青山一丁目
-6.9 -11.9 赤坂見附
-9.4 溜池山王
-8.5 虎ノ門
-10.0 新橋
-9.3 銀座
-10.3 京橋
-10.5 日本橋
-9.8 三越前
-8.0 神田
-7.4 末広町
-8.0 上野広小路
-10.1 上野
-6.8 稲荷町
-7.7 田原町
-8.8 浅草
東京メトロ 丸ノ内線
-10.7 荻窪
-7.7 南阿佐ケ谷
-7.0 新高円寺
-6.4 東高円寺
-7.3 新中野
-9.8 中野坂上
-10.0 西新宿
-11.2 新宿
-11.0 新宿三丁目
-7.6 新宿御苑前
-7.5 四ツ谷三丁目
5.5 四ツ谷
-6.7 -11.7 赤坂見附
-11.2 国会議事堂前
-11.3 霞ケ関
-10.3 銀座
-10.3 東京
-10.2 大手町
-8.1 淡路町
-7.6 御茶ノ水
-6.3 本郷三丁目
3.5 後楽園
-5.9 茗荷谷
-6.8 新大塚
-8.7 池袋
-10.3 方南町
-7.0 中野富士見町
-8.2 中野新橋
50 40 30 20 10 0 −10 −20 −30
海抜 (m)
−10.0＝駅の地表からの深さ及び高さ（単位：m）
►◄進行方向
※地表の海抜は駅付近のものです。駅間については一部実際と異なる場合があります。

地下鉄の縦断面図

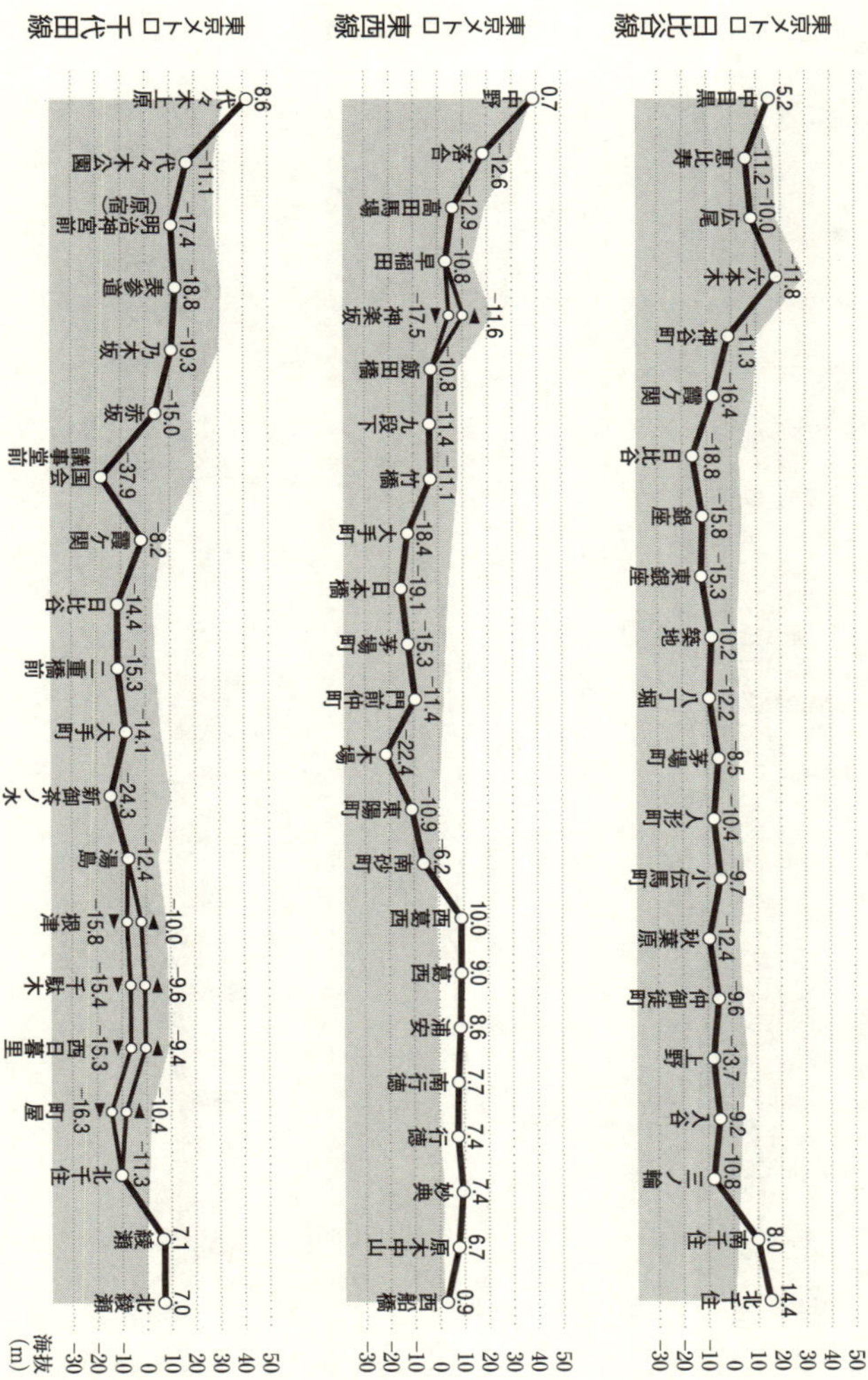

東京メトロ日比谷線
中目黒 5.2
恵比寿 −11.2
広尾 −10.0
六本木 −11.8
神谷町 −11.3
霞ケ関 −16.4
日比谷 −18.8
銀座 −15.8
東銀座 −15.3
築地 −10.2
八丁堀 −12.2
茅場町 −8.5
人形町 −10.4
小伝馬町 −9.7
秋葉原 −12.4
仲御徒町 −9.6
上野 −13.7
入谷 −9.2
三ノ輪 −10.8
南千住 8.0
北千住 14.4
東京メトロ東西線
中野 0.7
落合 −12.6
高田馬場 −12.9
早稲田 −10.8
神楽坂 −11.6 −17.5
飯田橋 −10.8
九段下 −11.4
竹橋 −11.1
大手町 −18.4
日本橋 −19.1
茅場町 −15.3
門前仲町 −11.4
木場 −22.4
東陽町 −10.9
南砂町 −6.2
西葛西 10.0
葛西 9.0
浦安 8.6
南行徳 7.7
行徳 7.4
妙典 7.4
原木中山 6.7
西船橋 0.9
東京メトロ千代田線
代々木上原 8.6
代々木公園 −11.1
明治神宮前（原宿） −17.4
表参道 −18.8
乃木坂 −19.3
赤坂 −15.0
国会議事堂前 −37.9
霞ケ関 −8.2
日比谷 −14.4
二重橋前 −15.3
大手町 −14.1
新御茶ノ水 −24.3
湯島 −12.4
根津 −10.0 −15.8
千駄木 −9.6 −15.4
西日暮里 −9.4 −15.3
町屋 −10.4 −16.3
北千住 −11.3
綾瀬 7.1
北綾瀬 7.0
50 40 30 20 10 0 −10 −20 −30
海抜 (m)

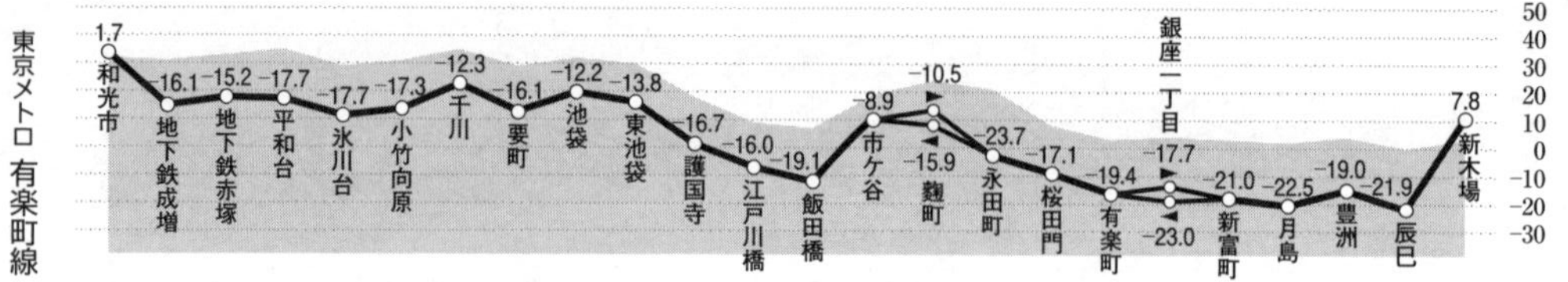
東京メトロ 有楽町線
1.7 和光市
−16.1 地下鉄成増
−15.2 地下鉄赤塚
−17.7 平和台
−17.7 氷川台
−17.3 小竹向原
−12.3 千川
−16.1 要町
−12.2 池袋
−13.8 東池袋
−16.7 護国寺
−16.0 江戸川橋
−19.1 飯田橋
−8.9 市ケ谷
−10.5
−15.9 麹町
−23.7 永田町
−17.1 桜田門
−19.4 有楽町
銀座一丁目
−17.7
−23.0
−21.0 新富町
−22.5 月島
−19.0 豊洲
−21.9 辰巳
7.8 新木場
50 40 30 20 10 0 −10 −20 −30

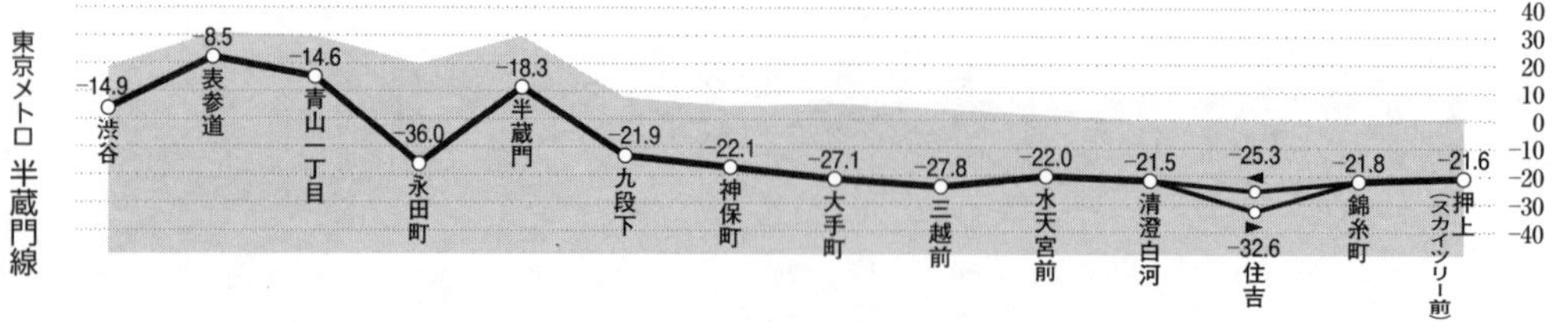
東京メトロ 半蔵門線
−14.9 渋谷
−8.5 表参道
−14.6 青山一丁目
−36.0 永田町
−18.3 半蔵門
−21.9 九段下
−22.1 神保町
−27.1 大手町
−27.8 三越前
−22.0 水天宮前
−21.5 清澄白河
−25.3
−32.6 住吉
−21.8 錦糸町
−21.6 押上（スカイツリー前）
40 30 20 10 0 −10 −20 −30 −40

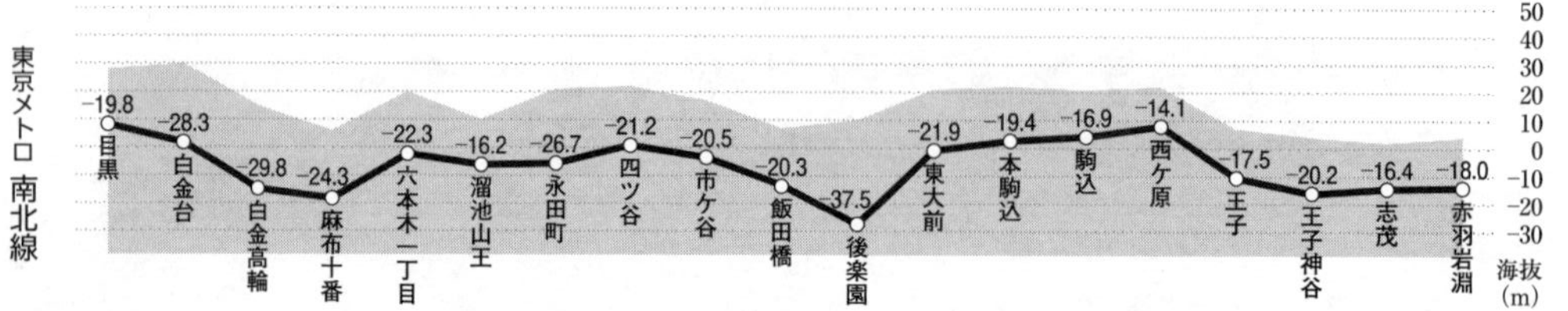
東京メトロ 南北線
−19.8 目黒
−28.3 白金台
−29.8 白金高輪
−24.3 麻布十番
−22.3 六本木一丁目
−16.2 溜池山王
−26.7 永田町
−21.2 四ツ谷
−20.5 市ケ谷
−20.3 飯田橋
−37.5 後楽園
−21.9 東大前
−19.4 本駒込
−16.9 駒込
−14.1 西ケ原
−17.5 王子
−20.2 王子神谷
−16.4 志茂
−18.0 赤羽岩淵
50 40 30 20 10 0 −10 −20 −30
海抜（m）

地下鉄の縦断面図

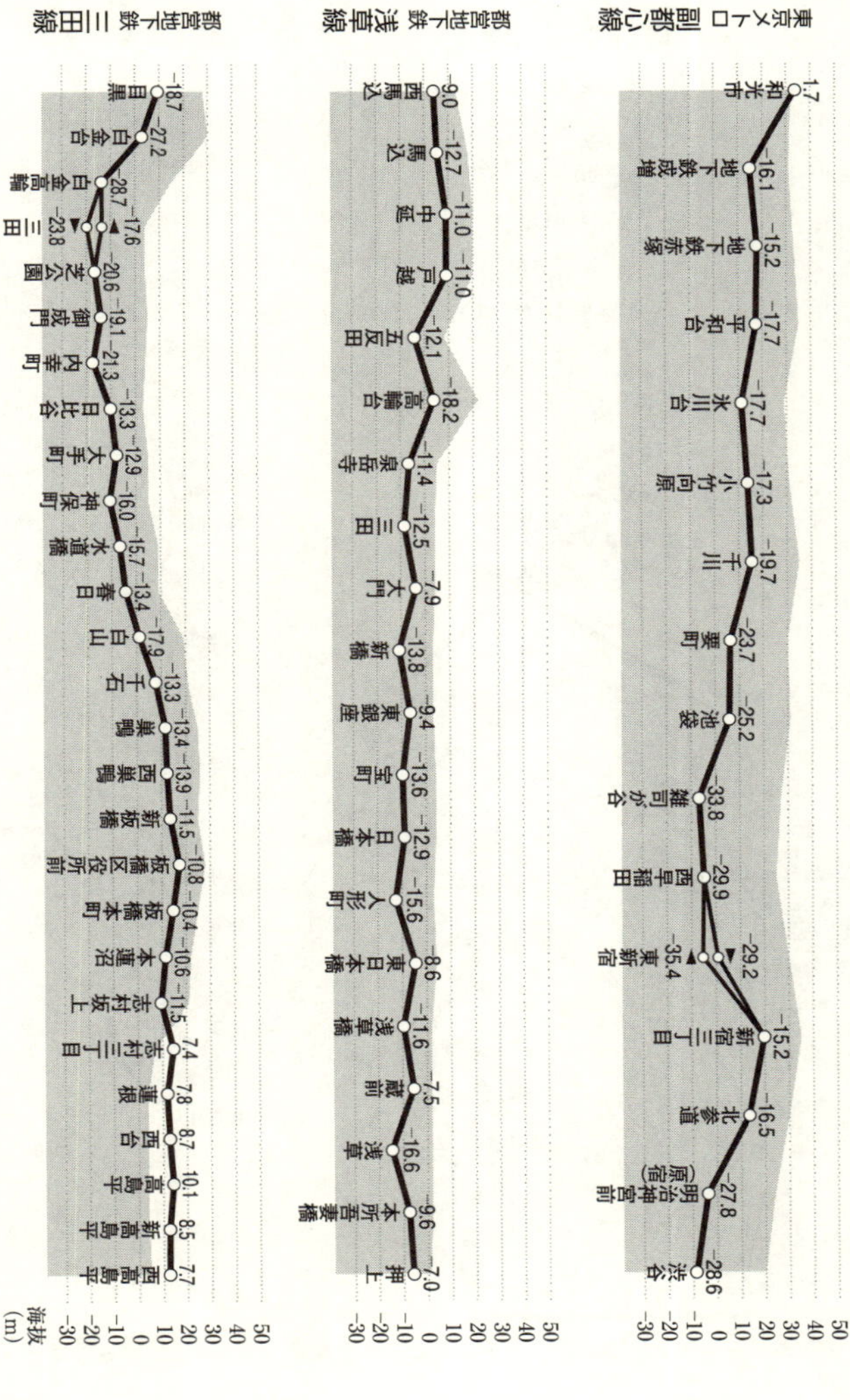
東京メトロ副都心線
和光市 1.7
地下鉄成増 −16.1
地下鉄赤塚 −15.2
平和台 −17.7
氷川台 −17.7
小竹向原 −17.3
千川 −19.7
要町 −23.7
池袋 −25.2
雑司が谷 −33.8
西早稲田 −29.9
東新宿 −29.2 −35.4
新宿三丁目 −15.2
北参道 −16.5
明治神宮前〈原宿〉 −27.8
渋谷 −28.6
都営地下鉄浅草線
西馬込 −9.0
馬込 −12.7
中延 −11.0
戸越 −11.0
五反田 −12.1
高輪台 −18.2
泉岳寺 −11.4
三田 −12.5
大門 −7.9
新橋 −13.8
東銀座 −9.4
宝町 −13.6
日本橋 −12.9
人形町 −15.6
東日本橋 −8.6
浅草橋 −11.6
蔵前 −7.5
浅草 −16.6
本所吾妻橋 −9.6
押上 −7.0
都営地下鉄三田線
目黒 −18.7
白金台 −27.2
白金高輪 −28.7
三田 −17.6 −23.8
芝公園 −20.6
御成門 −19.1
内幸町 −21.3
日比谷 −13.3
大手町 −12.9
神保町 −16.0
水道橋 −15.7
春日 −13.4
白山 −17.9
千石 −13.3
巣鴨 −13.4
西巣鴨 −13.9
新板橋 −11.5
板橋区役所前 −10.8
板橋本町 −10.4
本蓮沼 −10.6
志村坂上 −11.5
志村三丁目 7.4
蓮根 7.8
西台 8.7
高島平 10.1
新高島平 8.5
西高島平 7.7
50 40 30 20 10 0 −10 −20 −30
海抜 (m)

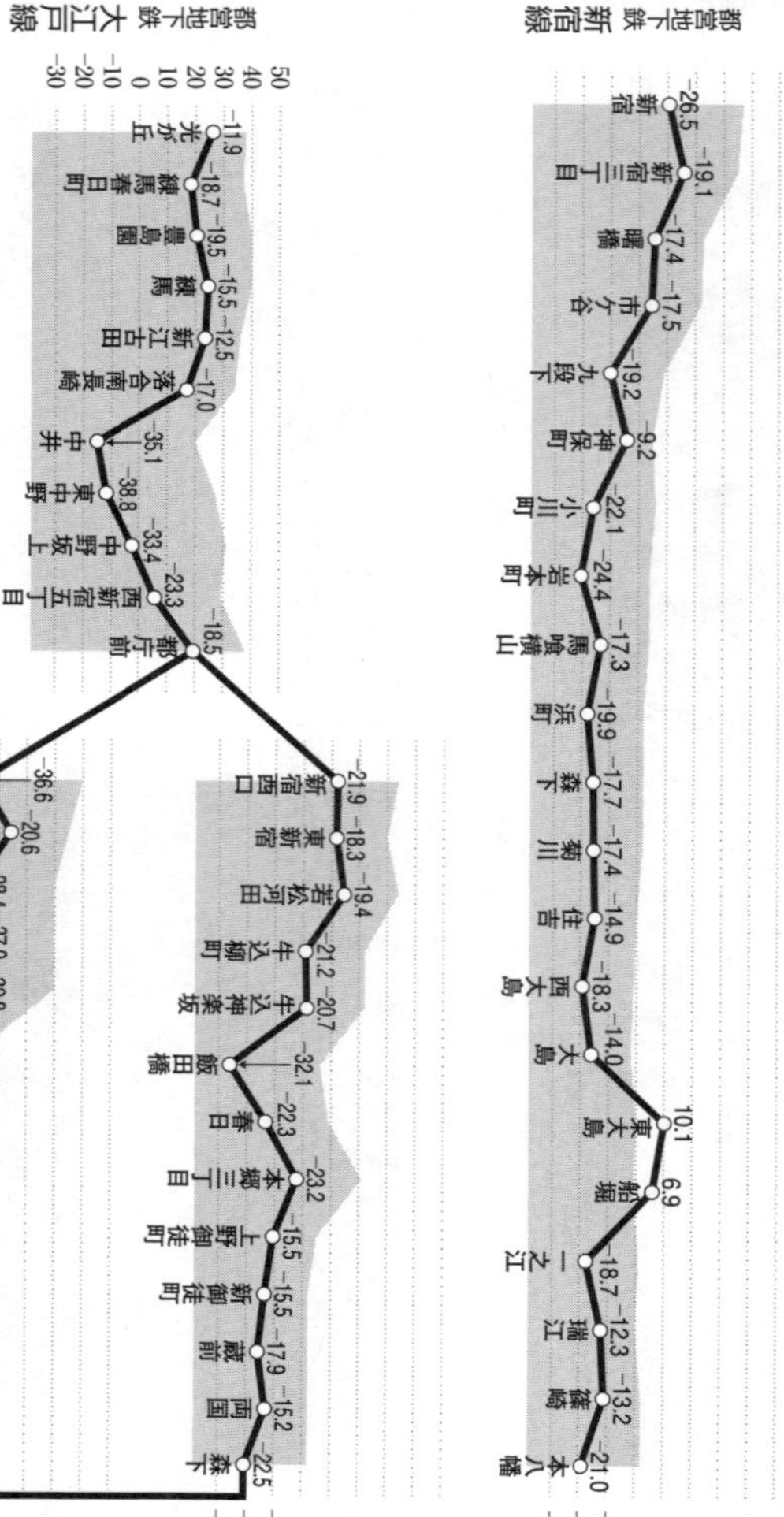

都営地下鉄 新宿線
新宿 −26.5
新宿三丁目 −19.1
曙橋 −17.4
市ケ谷 −17.5
九段下 −19.2
神保町 −9.2
小川町 −22.1
岩本町 −24.4
馬喰横山 −17.3
浜町 −19.9
森下 −17.7
菊川 −17.4
住吉 −14.9
西大島 −18.3
大島 −14.0
東大島 10.1
船堀 6.9
一之江 −18.7
瑞江 −12.3
篠崎 −13.2
本八幡 −21.0
都営地下鉄 大江戸線
光が丘 −11.9
練馬春日町 −18.7
豊島園 −19.5
練馬 −15.5
新江古田 −12.5
落合南長崎 −17.0
中井 −35.1
東中野 −38.8
中野坂上 −33.4
西新宿五丁目 −23.3
都庁前 −18.5
新宿西口 −21.9
東新宿 −18.3
若松河田 −19.4
牛込柳町 −21.2
牛込神楽坂 −20.7
飯田橋 −32.1
春日 −22.3
本郷三丁目 −23.2
上野御徒町 −15.5
新御徒町 −15.5
蔵前 −17.9
両国 −15.2
森下 −22.5
新宿 −36.6
代々木 −20.6
国立競技場 −28.4
青山一丁目 −27.0
六本木 −32.8 −42.3
麻布十番 −32.5
赤羽橋 −21.0
大門 −22.8
汐留 −17.8
築地市場 −15.7
勝どき −15.3
月島 −15.0
門前仲町 −18.5
清澄白河 −14.7
海抜 (m)
50 40 30 20 10 0 −10 −20 −30

おわりに

「もしも、この東京から地下鉄がなくなったら……」

先日地下鉄に乗りながら、ふと考えた。移動手段のひとつとして、何気なく使っている地下鉄。でも、もしも東京に地下鉄がなかったら……。

道路は、自動車やトラック、バスなどによって大変な交通渋滞に陥り、移動に困難をきたすことは間違いない。さらに、ハイブリッド車が増えたとしても、渋滞し身動きできない大量の自動車から排出される窒素酸化物や粒子状物質によって、近代都市がスモッグで覆われてしまうという風景さえ思い浮かぶ。

東京の地下鉄は、都内を移動するのに欠かせない、まさに首都の重要なライフラインなのである。

本書ではこれまで、地下鉄が都市にとって必要不可欠な装置であり、いかに有用な都市交通であるのかを記してきた。国会図書館に通い、記録や資料を探し、読み返し続けていると、早川徳次をはじめ、企画、建設、運行に関わった多くの人々の努力が目に浮かんできた。これからの地下鉄も、たくさんの人の想いや行動に支えられ、より良い公共交通機関に変わっていくだろう。

最後になるが、本書執筆にあたって、株式会社交通新聞社第2出版事業部のみなさんには、大変ご尽力いただいた。また、カメラマンの結解学氏には、地下鉄に関する新旧さまざまな写真をご提供いただいた。

末筆ながら感謝の意を示したい。

平成27年12月　渡部史絵

参考文献

『鉄道通達集』　運輸省鉄道局監修
『民営鉄道通達集』　運輸省鉄道監督局民営鉄道部監修
『電気車の科学』　通巻255
電車の火災事故対策について
『電気車の科学』　通巻118
随想 電車の火災事故対策について
道路：road engineering & management review
著者標目　日本道路協会
『パンフレットで読み解く東京メトロ 建設と開業の歴史』東京地下鉄株式会社　実業之日本社
『地下鉄の歴史　首都圏・中部・近畿圏』　佐藤信之　グランプリ出版
『東京の地下鉄がわかる事典』青木栄一　日本実業出版社
『今だから話せる都営地下鉄の秘密』篠原力　洋泉社
『営団地下鉄五十年史』　帝都高速度交通営団
『帝都高速度交通営団史』　東京地下鉄株式会社
『都営交通100年のあゆみ』　東京都交通局総務部
『東京地下鉄道史』乾・坤　東京地下鉄道株式会社
『東京地下鉄道丸ノ内線建設史　上・下巻』　帝都高速度交通営団
『東京地下鉄道荻窪線建設史』　帝都高速度交通営団
『東京地下鉄道日比谷線建設史』　帝都高速度交通営団
『東京地下鉄道東西線建設史』　帝都高速度交通営団
『東京地下鉄道千代田線建設史』　帝都高速度交通営団
『東京地下鉄道有楽町線建設史』　帝都高速度交通営団
『東京地下鉄道半蔵門線建設史』　帝都高速度交通営団

参考文献

『東京地下鉄道南北線建設史』　帝都高速度交通営団
『東京地下鉄道副都心線建設史』　帝都高速度交通営団
『都営地下鉄建設史』　1号線　都営地下鉄1号線建設史編纂委員会　東京都交通局編
『東京都交通局90年史 21世紀への新たな飛躍』　東京都交通局90年史編さん委員会編
『地下鉄のはなし』（財）メトロ文化財団　公益事業部
『地下鉄誕生―早川徳次と五島慶太の攻防』　中村建治　交通新聞社新書
『小田急五十年史』　小田急電鉄
『東京メトロをゆく』　イカロス出版
『東京メトロのひみつ』　ＰＨＰ研究所
『首都圏の鉄道のすべて』　ＰＨＰ研究所
『京急１０００形 半世紀のあゆみ』　佐藤良介　ＪＴＢパブリッシング
『地下鉄のヒミツ70』　イカロス出版
『地下鉄の謎と不思議』　谷川一巳　東京堂出版
『磁気式列車自動制御装置の研究資料』　U,D,C,621. 337. 078
『東京メトロだいすき　スペシャルブック』　ネコ・パブリッシング
資料『東京の地下鉄のサービス一体化に向けた取り組みについて』東京メトロ
日経ＢＰネット『猪瀬直樹の「眼からウロコ」』
『東京10号線延伸新線促進検討委員会の解散について』
千葉県総合企画部交通計画課
市川市道路交通部交通計画課
鎌ケ谷市都市建設部都市計画課
『公共事業の抜本的見直しに関する三党合意』資料7
自由民主党　公明党　保守党
『広域交通ネットワーク計画について』　東京都

『平成24年度　東京8号線（豊洲〜住吉間）事業化検討委員会 調査概要』　土木部　地下鉄8号線事業推進担当
『エイトライナー促進協議会の実施結果について』　都市建設委員会資料　都市整備部都市計画課
地下鉄博物館　館内の資料関係

（※定期刊行物）
『産経新聞』
『運転協会誌』　日本鉄道運転協会
『Subway』　日本地下鉄協会
『鉄道ピクトリアル』　電気車研究会・鉄道図書刊行会
『鉄道ファン』　交友社
『とれいん』　エリエイ プレス・アイゼンバーン
『東京時刻表』　交通新聞社
『私鉄車両編成表』　交通新聞社　各年号

（※ホームページ）
東京地下鉄ホームページ
東京都交通局ホームページ
江東区ホームページ　地下鉄8・11号線延伸の促進（土木部 交通対策課 交通係）
葛飾区ホームページ
江戸川区ホームページ
松戸市ホームページ
八潮市ホームページ
環七高速鉄道（メトロセブン）促進協議会の資料（足立区・葛飾区・江戸川区）エイトライナー促進協議会ホームページ

渡部史絵（わたなべしえ）
埼玉県出身。タレント・女優業を経て鉄道ジャーナリスト。鉄道にまつわる書籍執筆や監修を手掛け、鉄道の魅力を幅広く発信。各種媒体への執筆活動以外に、講演も数多く行なう。著書に『譲渡された鉄道車両』『路面電車の謎と不思議』（ともに東京堂出版）『鉄道のナゾ謎100』『鉄道のナゾ謎99』（ともにネコ・パブリッシング）、『進化する路面電車』（交通新聞社）など。

交通新聞社新書084
首都東京　地下鉄の秘密を探る
歴史・車両・駅から見た地下路線網
（定価はカバーに表示してあります）

2015年12月15日　第1刷発行

著　者――渡部史絵
発行人――江頭　誠
発行所――株式会社　交通新聞社
http://www.kotsu.co.jp/
〒101-0062　東京都千代田区神田駿河台2-3-11
NBF御茶ノ水ビル
電話　東京（03）6831-6552（編集部）
東京（03）6831-6622（販売部）

印刷・製本―大日本印刷株式会社

ISBN 978-4-330-62615-4